思卓
家庭教育系列

——

成为智慧父母的
12个密码

杨思卓◎著

北京联合出版公司
Beijing United Publishing Co.,Ltd.

图书在版编目（CIP）数据

成为智慧父母的 12 个密码 / 杨思卓著 . -- 北京：
北京联合出版公司，2019.4
ISBN 978-7-5596-2907-4

Ⅰ . ①成… Ⅱ . ①杨… Ⅲ . ①家庭教育 Ⅳ . ① G78

中国版本图书馆 CIP 数据核字（2019）第 014336 号

成为智慧父母的 12 个密码
作　　者：杨思卓
选题策划：北京时代光华图书有限公司
责任编辑：宋延涛
特约编辑：何英娇
封面设计：新艺书文化
版式设计：曾　放

北京联合出版公司出版
（北京市西城区德外大街 83 号楼 9 层　　100088）
北京晨旭印刷厂印刷　　新华书店经销
字数 88 千字　　880 毫米 ×1230 毫米　　1/32　　7.5 印张
2019 年 4 月第 1 版　　2019 年 4 月第 1 次印刷
ISBN 978-7-5596-2907-4
定价：45.00 元

目　录

一个国家没有法制，必出暴君；一个企业没有章程，必出强权；一个家庭没有规矩，必出逆子。无原则地迁就、放纵孩子的父母，不是在施爱，而是在犯罪，是在用自己的心血培养未来的"暴君"。

业，他们的天性总会找到宣泄口，不玩这个，就玩那个，与其给他戒除的痛苦，不如给他改换的快乐。

和厌学不同，它不是沦落，更不是罪恶，它只不过是荷尔蒙分泌惹的祸。

前　言

好父母应该怎样当

　　亲爱的父母朋友，时间过得好快啊，我们还是孩子的时候，时间在懒洋洋地散步；我们进入成人世界的时候，时间开始快跑了；自从我们做了父母，时间就飞起来了。正所谓芳林新叶催陈叶，儿女日日催人老啊。自觉心态还算年轻的我们，看着昨天还牙牙学语的孩子，竟然长过了我们的肩头，突然意识到自己的人生已过半程了。是啊，提到孩子，做父母的总有说不完的感慨。如果说孩子的出生是我们的开学典礼，那么孩子成人就是我们的毕业考试了。

如果你有时间，我愿意和你一起坐下来，沏上一杯香茶，望着院子里那些郁郁葱葱的花木，静静地思考一个问题：面对孩子这张答卷，我们的考试成绩怎么样？

在我的管理课堂上，我先后对1000多名经理人做过调查。其中一个问题是，为人子女，你给自己打多少分？打及格的有八成，打不及格的有两成。另一个问题是，为人父母，你给自己打多少分？打及格的有四成，打不及格的有六成。这样看来，为人子女者，多数人已经是"信鸽"；但是为人父母者，多数人还都是"菜鸟"。

这也难怪，我们知道，开车有驾驶培训，做老师有师范教育，连开电梯这种最简单工作都有岗前培训。那么，从孩子到父母这个岗位上，我们有过多少培训呢？面对一个个珍贵的生命，每天要判断的正误题那么多，要回答的选择题那么多，没人告诉我们怎么做。不难想象，若在这条路上的司机个个都无证驾驶，那将会产生什么后果。可在人生路上长途奔波的父母们，绝大多数不都是无证驾驶吗？如此说来，我们的孩子出问题是常态，不出问题才是例外。

作为父母团队中的一员，我也深有体会。我做过公务员，做过总经理，做过培训师，做过咨询师，但在我看来，没有一样职业比做父母更难。难就难在，一个孩子就是一张考卷，必须一次做对，没有改错的机会。恐怕当总裁、当总统，也没有这么苛刻的要求吧。如果孩子真是一张普通的考卷也就罢了，问题是，孩子是一张有自我主张的考卷，你想写上360，他硬是给你写出250；你想画棵向日葵，他给你画成了野芹菜；你越亲近他，他越疏远你；你想限制他，他会跟你结怨结仇。曾经有3万多个孩子在网上聚集起来，竟然喊出了"父母皆祸害"的口号。假如我们放手了，离开父母的他们真的行吗？结果会怎么样呢？孩子真的惹出祸来，还不是自己马上逃避责任，而把父母推到舆论的风口上，就像那句"我爸是李刚"。做经理、做官员，不行可以辞职，可为人父母，却没有办法辞职。无论你是李局长还是张县长，真的都难不过当家长啊。

其实，今天的新事就是昨天的故事。教子之难，古已有之。在《圣经》中，作为父母的亚当和夏娃就是一个失败的案例，他们的大儿子该隐因为嫉妒，杀死了弟弟亚伯。再说以色列的大卫王，他也是治国有道，教子无方。他最宠爱的儿子押沙龙最后变成了一个残暴的逆子。所以养儿育女，就逃不脱一条铁律——痛并快乐着。

有人可能要说，那要看痛多还是快乐多。没错。我进一步了解那四成自认合格的家长，大多快乐多过痛苦；而那六成自认不合格的家长，总是烦恼多于快乐。烦恼从何而来？经过对领导力十多年的研究，我发现了一个烦恼公式：烦恼＝责任／能力。烦恼主要和两个变量有关。从属性上看，责任难以推卸，能力可以提升。比如，你担负了100的责任，如果你只有1的能力，那么按照这个公式推导，烦恼就是100。但是如果100的责任不变，能力由1变成100，那么烦恼就变成1了。所以结论便是，你痛苦，是因为你烦恼；你烦恼，是因为你无能。这是一个具有普遍性的公式，工作让你烦恼，你对工作无能；上级让你烦恼，你对上司无能；下属让你烦恼，你对下属无能；老公让你烦恼，你对老公无能；老婆让你烦恼，你对老婆无能。当然了，孩子让你烦恼，你对孩子无能，也就是你缺少教育孩子的能力。

怎样解除父母的烦恼，回到这个公式上来看，有两条路：

第一条路，去除责任，不当家长。当父母的有时候也说"你爱上哪儿上哪儿，永远也别回来"的气话。可是当孩子真的离家出走了，父母又找遍天涯海角，哭得稀里哗啦。"父母一百岁，常念八十儿。"看来儿女是父母终生的债务，到啥时候你都得认账。

第二条路，提升能力。能力提升了，大部分烦恼的问题就会迎刃而解。亲爱的父母朋友，操心操到心碎，只因缺少智慧。慧从何来？禅语讲得好，静能生定，定能生慧。今天，我们就静下神来、定下心来，讨论一下如何做有智慧的父母。

有些人可能说了，杨老师，早十年听到这些有用，现在已经晚了。人生有四大遗憾："棋渐精而对手故，琴犹在而知音亡，子欲养而亲不在，父欲教而木成舟。"但我要说的是，这四大遗憾中唯一可以改变的是"木已成舟"的子女。前人讲过，浪子回头金不换，有钱难买老来福。教育是父母一生的责任，什么时候都不晚。早教有早教的功能，晚教有晚教的功效。人生谁无过错，就连英明的大卫王也曾经是个恶人，害死了别人的丈夫，霸占了别人的妻子。但是后来痛改前非，成为以色列历史上最伟大的国王。我们的孩子还没有坏到那时的大卫王的程度，完全具备回到正路的可能。如果我们可以补救，那么教训就是财富，弯路就是风景。再说了，许多父母也是企业和国家的领导者，企业也是一个家，国家也是一个家，齐家治国平天下，都是同样的道理。所以我说，没有晚了的教育，只有晚了的认识。做智慧的父母，做智慧的领导，不在昨天，不在明天，就在当下。

关于孩子本身的问题，我已经在《进入成人世界的9个密码》一书中谈过了，在这里我们重点谈的是家长的问题。有些家长可能会说："不就是管孩子那点事嘛，我早就知道。"是的，你可能知道很多，但是如果你真的知道很多，就一定会发现所知有限。你知道一年有 12 个月，人有 12 生肖，钟表有 12 个刻度，一天有 12 个时辰，但是有些事，你也许还不知道。你天天在用电脑，你也许不知道，电脑键盘有 12 个功能键：从 F1 到 F12；你天天打电话，你也许不知道，数字电话有 12 个拨号键：1、2、3、4、5、6、7、8、9、0，再加上 * 和 #；你天天在用脑，你也许不知道，有 12 对脑神经在为你工作。你天天教育孩子，你也许不知道，培养孩子成人，有 12 种智慧你不可或缺。亲爱的父母朋友，我们是同龄人、同路人。我们都深爱着我们的孩子，对于你的痛苦与幸福，我感同身受。所以你我在这样一个时空点上相遇的时候，我带来了我的一份礼物。我不是要送你 99 朵玫瑰，我只想送你 12 种智慧，当玫瑰凋零的时候，智慧将是你留给子女的最大恩惠。

01

疼爱孩子，有爱心更要有"爱智"

一个国家没有法制，必出暴君；一个企业没有章程，必出强权；一个家庭没有规矩，必出逆子。无原则地迁就、放纵孩子的父母，不是在施爱，而是在犯罪，是在用自己的心血培养未来的"暴君"。

　　教子是一种责任，爱子是一种天性。从孩子来到母腹的那一刻开始，这种爱的历程就开始了，无论孩子对我们怎么样，我们爱他们永不变。一位颇有成就的女总裁在她的微博上写了这样一段话："小时候最喜欢坐在爸爸的自行车后座上，穿行在马路弄堂，从不担心会摔倒，因为我深信，老爸即使伤了自己也会保护我的。生命中还会有另一个男人让你有这种绝对的信任感吗？"我看后感慨万分，这就是为人父母者，即使伤了自己，也要保护孩子，直到我们远离这个世界的那一天。人类是这样，如果你观察一下动物世界，便会发现，在爱护自己的孩子这一点上，人和动物具有天然的相似性。

有这样一则感人的故事。

········· 🍃 ·······················

在中国西部的一个沙漠地区，极度缺水，每人每天限定只能用 3 斤水，这里的居民用水全都是军车从很远的地方运来的。人缺水不行，牲畜也一样。有一天，一头老实听话的母牛渴极了，它挣脱缰绳，跑到运水车必经的公路旁，当运水的军车到来的时候，母牛迅速冲上公路，军车一个急刹车停了下来。母牛沉默地立在车前，任凭驾驶员呵斥驱赶，都不肯挪动半步。后来，母牛的主人来了，憨厚的农民看到母牛阻挡了交通，扬起鞭子就抽打母牛，母牛还是不肯离开，直到被打得皮开肉绽。运水的战士过意不去，只好从水车上取出半盆水，放在牛跟前。没有想到母牛一口都没喝，而是仰天长哞。这时，不远的沙堆后跑出来一头小牛，受伤的母牛慈爱地看着小牛贪婪地喝完水，伸出舌头舔舔小牛的眼睛，小牛也舔舔母牛的眼睛。人们看到了母牛和小牛眼中的泪水。在一片寂静无语中，在场的人无不为之动情。

亲爱的父母朋友，我们用不着考察这个故事的真实性，我们只需知道，让人为之动情的那头母牛，就是为人父母者的真实写照。哪个当父母的，不都是牺牲自己的青春，换来孩子的花季？不都是放弃自己的需要，满足孩子的想要？但是，在感动之余，我们有没有想过这样一个问题：如果我们只有这种天性，如果我们只有这种老牛护犊式的爱，人类和动物又有什么不同呢？

这个问题困扰了我很长时间，多少个不眠的夜晚我都在思考。直到有一天，重读《哈姆雷特》时我一下子豁然开朗。莎士比亚说："人是宇宙的精华、万物的灵长。"人是万物之灵长，人与动物的区别，不就在于灵性吗？于是我把成功的父母和失败的父母做了一个对比，结果便是，两种父母都有爱的本能，但成功的父母在爱的本能之上还有爱的智慧；而失败的父母或许不缺"爱心"，但一定缺少"爱智"。

还是讲一件真实的故事吧。

2010 年 2 月 22 日，这本是一个平常的日子，在内蒙古却发生了一件不平常的惨剧。这天，某政法大学毕业、在一家信用社工作的王利，向自己的父亲提出，要他出钱购置一辆新车。王利的父亲考虑到儿子已成家，不能过于依赖父母，于是平时对儿子百依百顺的父亲没有答应儿子的要求。在遭到父亲的拒绝后，这个从来没听父母说过"不"的年轻人愤怒了。在父亲的汽车上，王利向父亲连砍数刀。当父亲大喊"救命"，从轿车里跑出来的时候，王利又追赶上来，朝父亲的后背连捅几刀，接着将父亲的左手动脉割断；看到父亲还在挣扎，又将他的颈动脉砍断……直到父亲彻底没了动静。

对于这个残忍杀害自己的凶手，这个社会必须惩处的祸害，被害的父亲当时的反应是怎样的呢？后来才知道，疼爱儿子的父亲最后说的一句话是："儿子，拿上钱快跑。"

可怜天下父母心！一个被儿子残害的父亲，竟然对这个凶手还是如此宽容，如此关爱。悲剧恰恰就在这里，这个可怜又可悲的父亲至死不悟：这不是宽容是纵容，这不是真爱是错爱。如果爱可以从头再来，这样的父亲一定还会让悲剧重演。

为什么这个孩子如此绝情、如此自私？父亲临终这句话就是谜底："儿子，拿上钱快跑。"这句话里有多少含义呢？

"孩子，我爱你，哪怕你十恶不赦。"

"孩子，如果你犯了什么罪过，让我来帮助你逃脱。"

"孩子，凡是你的过错，都让父母为你承担全部的后果。"

……

王家的邻居都知道，王家对儿子太溺爱，孩子的爱心早被溺死在过度的爱里，要什么就给什么，"要星星不敢给月亮"。王利高考不如意，父亲找关系花了3

万多块钱把他送入某政法大学。学法律的儿子后来却说，父亲误了自己的前程，要父亲赔偿他。

没有受过教育的父母，可能知道爱是一种本能，却不知道爱有不同性能。这世上的爱，有大爱，也有小爱；有真爱，也有错爱。大爱和小爱都从一个点上出发，但爱的范围不一样，小爱为私，大爱为公；真爱和错爱都从一个点上出发，但是方向不一样，真爱成人成己，错爱害人害己。

王利毕业后，开始在北京、上海、广州等地打工，但没有挣到钱，花销仍由家里支持。儿子打工到哪里，父爱就跟到哪里。父亲每每都会动用自己在当地的关系，为儿子找工作。但凡是父亲帮忙找的工作，王利大多选择辞职，不愿受父亲的庇护。但没有父亲的关照，在外打工的王利又处处碰壁。

2009年10月，王利再次南下广东打工。在包头没有买到火车的卧铺票，只能准备坐硬座前往广东。

这时父爱又来了，父亲得知后，开车将儿子送到呼和浩特，并从那里为他购买了去广东的飞机票。

几个月后，王利打工失败返乡。也少不了父爱，在父亲的关照下，王利进入乌拉特前旗红旗信用社工作。在王利看来，在外地读书、工作多年，又回到老家工作，是一件很丢人的事情。

在父爱的庇护下，王利有了100多平方米的房子，娶了妻子，对于"80后"来说，他的生活可以说很优越了。然而，他什么都有了，就是没了良心。王利认为这一切都是父母欠他的，愈加索要无度，就在杀父的前一天，还向母亲索要800元钱去买烟，因为母亲只给了他600元而与父母厮打起来。他向父亲要700万的高考赔偿费，要钱买新车，要求得不到满足，就杀父了结。

可怜天下父母心，容纳了多少矛盾：你是慈爱的父母，也是愚昧的父母；你是呵护孩子的父母，也是骄纵孩子的父母；你是强硬的父母，也是软弱的父母。结论再明白不过了：爱心一失，夫妻即是孽缘；爱智若无，儿女本是宿债。这也印证了教育家马卡连柯的一个结论："一切都让给孩子，为之牺牲一切，甚至牺牲自己，这是父母所能给孩子的最可怕的礼物。"

爱得过分，孩子丧失了爱他人的能力；爱得过度，孩子的生活里容不下说"不"。亲爱的父母朋友，你们在给孩子的礼物中，有多少是这种"可怕的礼物"呢？如果有，记住王家父子的教训，记住这个特别的日子吧，2月22日，3个血泪写下的爱（2）：爱、爱、爱。这不是真爱，是错爱！

一个国家没有法制，必出暴君；一个企业没有章程，必出强权；一个家庭没有规矩，必出逆子。无原则地迁就、放纵孩子的父母，不是在施爱，而是在犯罪，是在用自己的心血培养未来的"暴君"。这个问题不仅出在父母身上，更出在教育制度上。在应试教育和金钱意识的影响下，相当一部分学校和组织，正在把教育由一种公益变为一种功利，品德放在了后尾厢，考分登上了驾驶位。这种情况已经让有识之士警醒。

在美国洛杉矶，一位叫雷夫·艾斯奎斯的男老师，26年扎根在小学里，探索教育的真谛。在他闻名全世界的第56号教室里，雷夫坚守一套与众不同的法则，把一间看似平凡的教室变成了具有世界意义的教育实验室：淘气包到了这里，就会变成负责任的好学生；厌恶学习的孩子到了这里，就会变成爱学习的天使。雷夫获得了全世界的高度认可，《纽约时报》把雷夫尊称为天才和圣徒，《华盛顿邮报》称他为全美最好的老师，美国总统授予他"国家艺术奖"，英国女王也给他颁发了"帝国勋章"……雷夫之所以得到教育界的最高荣誉，不是因为他的教育方法迎合了主流，而是因为他给出了完全不同的答案——"育才不如育人"。他曾这样说道：

········ 🍃 ·······

　　我们的文化是一场灾难，我希望曾经有所感悟的家长和老师都能赞同这一点。在一个认为运动员和明星比科研人员和消防员更重要的世界里，培养友善又聪颖的人已经变得几乎不可能了，但是我们却在第56号教室里营造了一片不同的天地。在这里，品格得到培养，努力付出得到尊重，谦逊得以发扬，而且大家无条件地互相支持。

　　说得多好啊！这是教育的天籁。我们为什么很少听到这样的声音？道理很简单，在一个众人都唱"我爱你，爱着你，就像老鼠爱大米"这类口水歌的环境里，你很难听到真正的天籁之音。多少家长省吃俭用，含辛茹苦，也要铆足了劲儿让孩子上名校、出国深造，让孩子接受所谓的最好教育。但非常讽刺的是，好多家长压根就不知道，什么才是最好的教育。

　　教育是一艘巨大的船，承载着无数的梦想，也让无数的梦想葬身海洋。有人说，要抵制一个制度性的错误，这条路是不是太难了？但是雷夫走出来了，华裔的美国劳工部长赵小兰也走出来了。赵小兰在接受采访时说："我每开始一项工作的时候，都不把成功作为最终目标。……我的最终目标不是追求成功，而是首先要做一个好人，然后对社会有所贡献。"他们的经验，我在中央人民广播电台解读《第56号教室的奇迹》时做了一个总结：

　　别再以爱的名义禁锢，别再以爱的名义纵容，别再以爱的名义要挟，别再以爱的名义伤害。我不赞成那种"父母皆祸害"的极端说法，但是容我实话实说：父母错爱，是孩子成长的最大"障碍"。当大多数人争相挤上教育的"泰坦尼克号"的时候，把我们的学校变成56号教室，把我们的家变成孩子的诺亚方舟吧。

02

不加修剪，骄子迟早被人"修理"

在生活中，一个孩子如果顺其自然，没有被家庭主动"修剪"过，那么，"社会之剪"就会指向他。在他被人排挤的时刻，在他遭受孤单的时刻，在他被网民围攻的时刻，在他体验绝望的时刻，在他犯了错误无法挽回的时刻，你都可以看到那隐形的"上帝之剪"。

你去过葡萄园吗？我下乡的时候，曾经住在东北一位农民刘叔家里，他家满院子的葡萄硕果累累，只有一棵比较特别，像野葡萄一样，只有一串串小小的颗粒，尝一尝，酸酸的、涩涩的。我问："这一定是棵劣质品种吧？"刘叔说："和其他葡萄一样，这是一颗优良品种，一样的阳光，一样的肥水，一样的温度。"那为什么它的果子又小又酸呢？刘叔告诉我，唯一的区别就是这一棵没有经过修剪，任其自然生成，结果就是这样。因为一些枝条疯长，就会空耗养分而结不出好果子。

我们的孩子就像这一棵棵葡萄树，也需要经过精心修剪，才能结出丰硕的果实，仅仅依靠自然生成，是不大可能有一个理想的结果的。

亲爱的父母朋友，我们也曾经是一棵成长中的葡萄树，在我们的记忆里，被"修剪"是一个痛苦的过程。但是如果没有这个痛苦的过程，就没有丰盛的生命体验。我们做了父母，可能会得到另一个角度的体验，你的小女儿得了阑尾炎，医生说，马上需要手术。女儿说，我怕痛，不要手术。你是怎样爱她的呢？你爱她，不会帮她逃避手术，而是帮助她做好手术。你会答应她，给她找一位技术最好的医生，并且在她最痛苦的时候和她在一起。

在生活中，一个孩子如果顺其自然，没有被家庭主动"修剪"过，那么，"社会之剪"就会指向他。在他被人排挤的时刻，在他遭受孤单的时刻，在他被网民围攻的时刻，在他体验绝望的时刻，在他犯了错误无法挽回的时刻，你都可以看到那隐形的"上帝之剪"。正如歪脖树背后有一个失职的园丁一样，被废掉的孩子背后都有一对骄纵的父母。

《红楼梦》里的薛蟠，仗着家里有财有势，骄纵蛮横，整天游手好闲，惹是生非，强买香菱，打死冯渊，是一个十足的"呆霸王"。在酒肆喝酒，因为店小二换酒迟了，就一时性起，拿起酒碗把店小二打死了，结果差点被判了死罪。为什么薛蟠会走此一步？我们发现，这跟他母亲王氏对他的纵容溺爱不无相关。

在现实生活中，也有不少的骄子"薛蟠"，不听管教，十分专横，对父母不尊重，打父母、逼父母，甚至逼得父母无家可归。

辽宁一个姓裴的女孩子，初中没读完，就退学待在家里，一直到了 17 岁，都没有出去找工作，却花钱如流水。没钱了怎么办？问父母要啊。可是，家里并不富裕，是特困户，加上政府给的补贴，家庭每个月的固定收入也就 400 多块。这女孩子没钱了就管父母要，父母不是约束，而是想办法满足她，为了给她挤钱，天天吃咸菜。最后父母借遍了亲朋好友，这还不能满足她，她就开始打骂父母，而父母还是忍让。

有一天晚上，母亲已经睡下了，女孩子回家后就对着母亲大喊大闹，逼着母亲给钱。母亲说没有钱了。她就说："没钱我就打你。"说着就上来拽住母亲的头发，打母亲耳光，还用脚踢。打了 20 多分钟，母亲拿了件衣服跑了出去，女儿还拿棒子追着打。追不上，抄起邻居的塑料盆就砸过去。还不解气，在家里又是砸东西又是烧衣服，30 多平方米的家，被她搞得一片狼藉。而父母为了躲避女儿不敢回家，就在小区的车库里过夜。

听到这里，一些脾气暴躁的朋友可能会跳起来，"怎么会有这样的孩子？"且压住你的怒火，再换一个冷静的心情重问一次："怎么会有这样的孩子？"病症在孩子，病根在父母啊。听听父亲老裴怎么说的吧："30多岁了，才有了这个孩子，从小对孩子就格外疼爱、百依百顺。"我们来看，问题就出在这个"百依百顺"上。孩子为什么会这样？因为她就像一棵野蛮的葡萄树，伸展枝条时从来没有遇到过阻拦，被父母的依顺养成的骄横不断在伸展，以为父母就该对她逆来顺受，以为世界就该对她服服帖帖。从来没有受过伤的心，慢慢变成了一颗伤人之心。最后的结果是什么？一提到女儿，夫妇俩就流着泪说："养了这样的孩子，我们太伤心了。"现在他们最大的愿望就是把孩子"送"进去，让政府帮着管教。

当孩子还是棵葡萄苗的时候，矫正他，曾经是一件多么轻而易举的事啊。到了现在，葡萄苗长成了疯狂的大树，当父母意识到自己的错误时，已经太迟了，只能够依靠"社会之剪"了——这就是悲剧啊。

所以，精明的犹太人早就有这样的俗语："谁溺爱孩子，就不得不有朝一日为他包扎伤口。当孩子为伤口的疼痛叫喊时，你将为你愚蠢的溺爱而痛悔！"子不教，父之过。作为家长应该反省：在溺爱中成长的人，只知道索取，不懂得回报。对孩子不加修剪，其实是害了孩子。记住，修剪通向天堂，放纵通向地狱。

怎么修剪呢？有些家长认为就是"修理"，就是"开打"，有所谓"三天不打，上房揭瓦"之说。于是，一旦孩子犯了错误，就让他尝尝"家法"，甚至将孩子毒打致残。这又进入了另一个误区。不加修剪那叫放纵，过度修剪那叫砍伐。如何才能科学修剪呢？
你还得学学园丁，得其法，得其时，得其益。

修剪得其法

先来看看生活中的现实。有些家长带着孩子逛商
场，孩子看到一个变形金刚，吵着闹着要买，不买，
就地打滚。一开始，家长还挺有耐心，说家里有好几
个变形金刚了，咱们今天就先不买啊。孩子不听，我
就是要买，要买。家长也火了："不许买！"转身要
走，孩子扯着裤腿不让走，家长气不打一处来，上去
就是一巴掌。可打的结果怎么样？孩子继续哭闹，玩
具还是照买。这还不如一开始就买了，因为孩子学到
了对抗家长的有效办法。

很多时候，遇到不如意的事，小孩子会用发脾气的

方法来满足自己的欲望。这是野蛮人的办法。父母必须用文明人的功夫，道理一一讲清，立场寸步不让，每一次都让孩子意识到，无理即是无用。修剪其实不在强暴而在于坚持。我的态度是温和的，我的原则是严格的，这叫温和的严厉。如果父母分为四等，那便是四等的父母，暴躁而放纵；三等的父母，温和而放纵；二等的父母，暴躁而严厉；一等的父母，温和而严厉。想想吧，你是哪一种父母呢？

修剪得其时

父母教育子女，费心血还要有心机，更多的时候，除了用"心"，更要观"机"。过早修剪不行，过晚也不行。做园林工作的人都知道，幼龄的树一般是摘心、抹芽、放梢，很少进行修剪。因为细心的园丁发现，如果修剪过重，叶片损失过多，营养吸收不了，小树就难以成长，顶多得到一棵盆景或景观树。很多家长不懂这个道理，事事讲究趁早，你早教，我胎教。孩子两三岁的时候，就开始严格"塑形"。盛怒之下往往掌握不好分寸，惩罚不当反伤着孩子。过早修剪未必就是好事。太晚了呢，木已定型，孩子的习惯已经形成，改变起来就会相当费劲，需要付出多倍的努力。

修剪得其益

让孩子形成良好的习惯，这是修剪的目的，也就是修剪得其益。有句古话说得好，须防骄奢出败儿，应教儿女早立志。所以，父母应该严加管教，让孩子从小就养成良好的习惯。朱木兰是我们前面提到的前美国劳工部部长赵小兰的母亲，她就是这样一位家长。

朱木兰从不骄纵、惯养孩子。在赵小兰姐妹6人还小的时候，母亲就要求她们自己洗衣服、打扫房间，分担家里的琐事。每天早晨上学之前，她们还要检查家里游泳池的设备，清理脏东西。周末，母亲会让她们把院子里的杂草拔掉。家门前37米长的柏油路，也是由母亲带着她们一尺一寸铺成的。如果家里宴请客人，朱木兰还会要求几个孩子站在客人身后服务，为客人添茶倒水。

在朱木兰"爱而不娇，严而不缚"的管教下，赵小兰姐妹几个都养成了热爱劳动的习惯。即使后来赵小兰已经做了美国劳工部部长，依然保持着这样的习惯。

十年树木，百年树人。教育是需要用一生来做的事业。成功的教育都有一种非智力因素，坚持、坚持再坚持，修剪、修剪再修剪。

西安一位姓赵的母亲是这样做的。

她的儿子上二年级的时候，经常在学校捣乱，总是把脸画得五颜六色，还抓壁虎吓唬老师。上了初中之后，便开始染红头发、戴耳环，甚至经常逃学去网吧、游戏厅，整天不回家。不仅如此，这孩子竟然偷家里的钱。这都让她无法接受。于是，盛怒之下的她用皮带狠狠地将儿子打了一顿。打了之后，儿子并没有改过自新，反而更加捣蛋，还扬言要跟她断绝母子关系。这孩子性格不仅刚烈，而且相当叛逆。

发生这种情况，母亲很清楚，已经晚了，教育的最好时机已经过去了，但是这位母亲并没有放弃。这位母亲心想，孩子有问题，父母有直接原因。自己娇惯的结果，只能自己来耐心地纠正。她思来想去，决定用文字的方式跟儿子沟通。每天上班前，她把想对儿子说的话写在一张便条上，放在儿子的床头。一开始，儿子只是看，很少回复，但她没有放弃，一直坚持给儿子留纸条。

　　有一次，她花了 7000 多块钱给儿子买了一台电脑，还没几天，她下班回家就发现电脑不见了，儿子也不见了。跑去问门卫，原来是儿子把电脑拿出去了。当时，她的第一个反应就是她的儿子肯定是卖了电脑拿钱去网吧了。后来证明她的猜测是正确的。她的儿子把电脑拿去卖了 2000 多块钱，在外面疯玩了将近一个月。看到儿子一点点地堕落，她感到害怕，甚至都绝望了。她打算把门锁换了，让儿子永远回不了家。可心里终究还是舍不得，再说这样始终不是个办法，只会让孩子走上"不归路"。

那怎么样让孩子走上"回归路"呢？她在儿子的床头留了一张便条，上面写道："儿子，你把电脑和新被子拿到哪里去了？你一定会做傻事的，快回来吧。"在她的儿子回家后，她什么也不说，没有质问也没有批评，就当什么事都没发生过。后来，儿子在她的床头上也放了一张纸条："妈妈，我回来了，知道自己所做的事错了。那是一时的冲动，我想回家，我想回到自己的家，给妈妈做做饭，和妈妈聊聊天。再给儿子一次机会吧，我会记住教训的。"一来一去的便条，母子俩一写就是20年。

世界上有迟来的爱，没有不奏效的爱。就这样，孩子慢慢成人了，也成材了。母亲的心血也开花了，结果了。

亲爱的父母朋友，就像一位优秀的园丁培养葡萄树，做父母的也需要有两种爱：一种是施予，一种是剪除。施予，就是需要施肥浇水，那样才能汲取营养；剪除，就是需要修剪枝条，那样才能健康成长。施予并修剪，少了一样便是错爱，合二为一才是真爱。

03

做比成样，孩子就是父母的镜子

世上的事就是这样，你对面那个人，很可能就是你的镜子。做老板，员工就是你的镜子；做官员，下属就是你的镜子；做家长，孩子就是你的镜子。

我们经常在现实生活中发现因果关系，佛学上叫作因缘。

有一次，我到一家印刷厂去验货，发现色彩出现了重大误差，需要全部重印。事关重大，于是就和这家公司的老板交涉，老板一看样本就火了，开口骂他的员工："一群没心没肺的王八蛋！"

为了表示歉意，事情处理完毕之后，老板中午请我们吃饭。席间聊得不错，我发现老板很豪爽，也喜欢开玩笑，就问老板："你刚才骂这群王八蛋，请问他们是哪个王八蛋招来的？又是哪个王八蛋调教的？"老板抓了半天头皮，哈哈大笑："没错，我就是那个王八蛋！"

世上的事就是这样，你对面那个人，很可能就是你的镜子。做老板，员工就是你的镜子；做官员，下属就是你的镜子；做家长，孩子就是你的镜子。君子反射的是父母的成功，败子反射的是父母的失败，浪子反射的是父母的无奈，骄子反射的是父母的骄傲。

所以，当爸爸发牢骚："这孩子不知道像谁？哪儿来的这臭毛病？"妈妈立马会说："这臭脾气就像他爸。"爸爸立马跟上："这不讲理就像他妈。"那么到底像谁呢，要我说就俩字：都像。中国有一句老话，

"像不像，做比成样"。不信？我们且回放一段极为常见的家庭影像：

刘科长酷爱电视剧，下班一回家就打开电视，一直看到熄灯。这一天老婆就说了："我说老刘啊，就知道看电视，不干家务也就算了，你就不能干点正经事？我看这孩子不爱学习，就随你。"

刘科长立马反击："就你好，一天到晚打麻将，还叫孩子好好学习。"

老婆又说："打麻将怎么啦，又没耽误做家务。你倒好，一个小科长，都当了五年了，还升不上去。人家老赵和你一起参加工作的，都升正处了，看你这点出息。"

刘科长一句都不肯让："老子就这点出息，你给我听好了，谁好你找谁去啊！"

两口子斗嘴，多少年了，谁也没往心里去。可是他们没有注意到，有人往心里去了，谁呀？ 10岁的儿子就在一边听着呢。期末儿子考了个倒数第一，老爸就一顿教训："你小子不好好学习，就知道看电视，将来有什么出息。你看人家赵军，和你一个班，人家怎么考了个第一？"

没想到，儿子不紧不慢地和老爸杠上了："赵军他爸和你一个单位，人家都当了局长呢，你怎么就知道说别人，怎么不说说自己。"

老爸就说了："嘿，学习不咋着，有出息了，学会顶嘴了，这算什么出息？"

儿子一句就把老爸顶得不吭气了："我就这点出息了，你把我送孤儿院吧，你们再生个好孩子！"

你看这孩子哪来的臭毛病？又到底是像谁呢？——
可不是"像雾像雨又像风"，绝对是既像老爸又像
老妈！

看佛学《杂阿含经》里面讲到因缘时，有这样一
段话："此有故彼有，此生故彼生，此无故彼无，此
灭故彼灭。"对于父母教子来说，这句话真是一语道
破。孩子是父母的镜子。小家伙的言谈举止正是老家
伙的行为复制。就像广州人说广州话，温州人说温州
话一样，我们仔细观察一下就会发现，从孩子的面部
表情、身体姿态、发音语调，都会看到父母或亲人的
影子。很多父母说孩子不好，说老师不好，说学校不
好，说社会风气不好，却很少关注自己哪里不好。其

实，社会上有些坏风气，是孩子接触社会后才反射到这面镜子上的，而从小到大，家长的言行可是直接反射在这面镜子上的。再往大里说，党风、校风、厂风、民风都有一个起源，那就是家风。一个问题孩子后面，多半会有一个问题家庭。

有一位老师发现班上有一个同学特别擅长"国骂"，多次批评，不见成效，于是决定到学生家中去家访，想让家长配合老师做做孩子的教育工作，帮助孩子改掉不良习惯。谁知老师刚说明来意，孩子的老爸就对老师说了一席话，其中有五个"国骂"。这样看来，该教育的，恐怕不是这孩子，而是这老爸。父母总是让孩子学好，但是他跟谁学？第一个就是跟父母学。父母的一举一动，孩子都在感受、存储、反射。说得再形象一点，孩子的眼睛就是一架高清晰照相机，它会把看到的拍下来；孩子的耳朵就是一架高精度录音机，它会把听到的都录下来；孩子的心灵就是一架高智能复印机，它会把感受到的都拷贝下来，然后转化为自己的行为。

有些家长说："没那么夸张吧，我就那么一点点缺陷，而孩子的毛病，可不是一点点啊。"这你就有所不知了，有些孩子是平面镜，你身上有什么它就反射什么；有些孩子是凹面镜，他可能把许多问题缩小；有些孩子是凸面镜，他会把问题放大。更多的孩子是凹凸不平的，就像哈哈镜，有些是你身上问题的直接反射，有些是社会问题在你身上的折射，有些时候他看来不太像你，优点被缩小了，缺点被放大了，但无论直接反射还是间接折射，光源还是来自于你。

今天你在孩子面前吵架，明天孩子就会动粗

家长在孩子面前你吵我闹。女人说："就你那点

本事，是个男人就比你强！"男人被侮辱了，也不会示弱："瞧瞧你，胖得和猪似的，当初我怎么看上的你？"在外面也从来不让人，上地铁有人在你前面加塞儿，你提高嗓门，跟人家争吵动粗。这些做法就是错误的社交技能演练，使孩子误以为吵架乃至打架是解决冲突的好办法。

今天你在孩子面前发牢骚，明天孩子就会抱怨

人生在世，总有起起落落，也难免怨天尤人，但是你有了孩子，就不同了，在他们面前表露颓废的情绪，"这社会没好人""这领导不公平""干事的是傻子，混事的才聪明"，这不但会坏了自己的情绪，于事无补不说，关键的问题是，你还会把这些消极的东西像病毒一样传染给孩子。客观地讲，社会本来就有阳光也有阴暗，成人发发牢骚也就过去了，但是孩子的

心灵缺少免疫力，你给了他太多的阴影、太多别人的
过错，当他出了问题的时候，他就不会积极想办法解
决问题，而是一味责备和埋怨别人，甚至消极厌世。

今天你在孩子面前责骂老师，明天孩子就敢跟老师
对抗

　　学校不是净土，老师也是凡人，有问题都是难
免的。一些家长眼里容不得沙子，经常发表过激的
语言，在孩子面前痛贬学校、咒骂老师。而孩子也
不是在一边打酱油的，他很快就会为自己反对学
校、抗拒老师找到理由，这就会动摇他对教育的信心
和尊重。

今天你在孩子面前议论人，孩子明天就会议论你

你和亲朋好友一起吃饭，气氛很融洽，走的时候大家都客客气气，可亲戚朋友一走，你转身就会议论人，"某某办事太小气""某某穿着太老土""某某人品不怎么样"……这些话还是少说为妙，这样的教育，会把孩子教成两面人。

今天你不孝敬，明天孩子就会不孝顺

在你和先生谈恋爱的时候，婆婆曾经百般阻挠，于是婆媳间就结了梁子。结婚后你就不待见老人，打心眼里不愿意孩子和老人亲近。更有甚者，当着孩子的面诅咒老人。"你爷爷老糊涂""你奶奶偏心眼"，不为孩子树立孝敬的榜样。孝敬是四分对上，六分对下，以后有那么一天，他气你个半死，你要知道那就是恶报！

今天你以离婚相要挟，明天孩子就会以离家相威胁

夫妻稍有争执，就甩出一句："爱过不过，不过就离婚""离就离，谁怕谁"，两人争吵后，各有去处。男人不回家，女人回娘家。最后或者一方屈服，或者内战升级。你常用这种手段对付你的老公或老婆时，小心孩子就学会了感情敲诈。

今天你在孩子面前种下仇恨，明天孩子就会报复

由于种种原因，夫妻离异了。你心中充满了怨恨。于是你对 6 岁的女儿历数另一方的不是，并且告诉孩子："爸爸 / 妈妈不要你了，你从此再也不要理他 / 她。世上的男人 / 女人没有好东西。"你这样做，是在给孩子下咒语，导致孩子怀疑真爱、学会仇恨，日后报复社会。

今天你在孩子面前说假话，明天孩子就会撒谎

有人打电话来找你，你告诉儿子："就说我没在家。"明明你在看电视，有人问你，你却说自己在做家务。这样孩子以后就会用撒谎来使自己轻易推脱责任。

今天你在孩子面前违章，明天孩子就会违法

上公园时，你在"禁止入内"的牌子下让孩子爬到雕塑上摆造型。上班时路上堵车，你将车从逆行道上开了过去，后面8岁的儿子告诉你："你违章了。"你说："没有摄像头，这儿没交警，也没关系的。"这样孩子就会学到，没人监督时违规，只要不被抓住，就可以胡作非为。

有孩子的父母，就像有了一个全程监控录像。有些父母可能会说："他总学坏的，好的他怎么不学。"你

可能不知道，好品质像健康，坏品质像病毒。比如懒散、粗鲁、急躁、自私等总是比好品质多三倍的传染性。所以古人早就知道"勿以恶小而为之，勿以善小而不为"。不要以为坏事小就去做，不要以为好事小就不去做。

家庭，是孩子的第一个课堂；家长，是孩子的第一任老师。上乘的家教，不是说教，而是身教。自己满足于做一棵灌木，就别怪孩子长不成大树。要想让孩子成为英雄，爸爸首先要成为孩子敬仰的英雄；要想让孩子成为偶像，妈妈首先要成为孩子崇拜的偶像。正因为如此，诺贝尔和平奖得主、德国哲学家阿尔贝特·史怀哲才说："孩子通过三种方式学习：第一种是模仿榜样，第二种是模仿榜样，第三种还是模仿榜样。"

有些父母会说了，我们文化程度不高，也没有什么教养，做不了孩子的榜样啊。这是一种借口。文化程度不高，你可能帮助不了孩子文化知识的学习，这不是最大的问题，因为这样的责任可以由老师或家教分担，但老师无法承包的是品格的教育。那种正直善良的为人、勤劳勇敢的行动、勇于牺牲的精神，都是父母力所能及的。最能感染孩子的是具有正面人格影响力的父母，不管文化高低，这种父母都可以称作伟大的父母。

有一位农民是这样做的：他总是第一个起床，敲敲孩子的房门，让孩子起来，跟在他后面跑步。十几年如一日，从未间断过。孩子们不但有了好的身体，他们的毅力也日复一日地沉淀下来，成为习惯。当品格的树根和意志的树干都扎实了，就自然结出知识的果实了，这位农民爸爸没有教给孩子一堂文化课，但是五个孩子全都考上了大学。

一位普通的公务员爸爸是这样做的：孩子上小学的第一天，他到学校参加家长会，散会以后，其他父母

领着孩子走了，爸爸却让女儿留下来，父女俩一起把
开会的教室打扫得干干净净。他给孩子上学后补的第
一课，不是文化课，而是责任课。这样的课对不知责
任为何物的孩子来说，才是最稀缺的营养。于是孩子
越来越懂事、越来越优秀，轻松考上了清华大学，毕
业后又被英国牛津大学录取。

　　孩子是镜子，家长是样子，要想改变孩子，先要改
变自己。如何改变呢？以成功的家长为样子，我把他
们的言行归纳成"为人父母的21条家规"，与父母朋
友们共勉。

———————————— ● ● ● ————————————

　　1.望子成龙，不如教子成人。

　　2.经营孩子，与经营世界一样伟大。

　　3.让孩子成为"大卫"，自己先变成米开朗

基罗。

4.三分言教，七分身教，才会十分有效。

5.建立社会信誉，从不失信于孩子做起。

6.谎言就是三聚氰胺，诚实才是安全乳品。

7.爱找借口的孩子，后面总是站着借口家长。

8.感恩于社会的父母，才能培养感恩父母的孩子。

9.好孩子需要梦想导航，激情给力，规则正轨，惩罚刹车。

10.聪明的父母嘲笑自己，愚蠢的父母嘲笑孩子。

11.孩子倒下去不可怕，不能让孩子站起来才可怕。

12.蹲下来的父母，才能让爱心贴近童心。

13.做义工，先从做家务做起。

14.最难的事不是改变孩子，而是改变自己。

15.悔改错误，二分用在悔上，八分用在改上。

16.爱心 + 爱智 = 爱果。

17.习惯是防病的健康源，快乐是不老的青春宝。

18.夫妻之爱贵在携手，父母之爱贵在放飞。

19.春种、夏锄、秋收、冬藏，育人当在适合的季节做适合的事。

20.父母不仅是孩子的裁判与教练，还是队友、陪练、啦啦队队员。

21.父母只有两双手，善用良师益友就是"千手观音"。

04

不知感恩，是孩子一生最大的残疾

只有辛苦没有智慧，栽什么树苗不一定结什么果，撒什么种子不一定开什么花。只有爱心没有爱智，那就是糊涂的爱。孩子不懂事，源于家长不明理。这个理就是，总是得到爱的人，未必懂得爱；只有付出爱的人，才会珍惜爱。

　　有一次买家具，恰好那个厂家老板参加促销活动，就聊了起来。他说虽然现在有几个亿的身家，但是做得很辛苦，刚到 40 岁，头发就全白了。我问他辛苦打拼为什么，他想了想告诉我："最大的动力，是想孩子不再受苦。"这就是父母。耗尽了青春，搭上了健康，赚下了财富却不舍得享受。做父母的都希望自己这一代把痛苦全都承担了，把幸福留给孩子，把财富传给孩子。

　　但我们能够做到吗？我可以负责任地回答，难，很难，非常难。看看现实你就会知道。家族制度最成熟的欧美国家，家族财富成功传到第二代的不到 30%，传到第三代的只有 13%。既然财富难以传承，那么还有什么更能保障孩子的未来呢？吸取了失败的教训，欧美许多富豪父母已经有了觉悟：要想让幸福传承，别去造就一个"有钱人"，要去培养一个"有心人"。

有什么样的心呢？有爱心、有恒心、有耐心、有细心？都对。但是我发现，导致孩子良心沦丧的根源，是缺少一颗感恩之心。所以，养儿，当养心；养心，首先养良心。如果你养身不会养心，你就成了李学林和沈玉珍。

李学林和沈玉珍是重庆市万州区一对老夫妇，他们靠拣垃圾、当搬运工、摆地摊，先后共收养弃婴49个。这些孩子后来陆续被人领养。但是30年来，这些孩子没有一个为他们提供生活费，也没有一个回来看过恩人。

年过90岁的老两口，每天都抱着照片叨念："这是永红，这个胖胖的是天红，这个穿红衣服的是来红……不知他们现在在哪里，过得好不好。"善良的老人要求很卑微："如果能坐在一起吃顿饭，那我们死也瞑目了。"

多么好的一对老人啊，可是他们不明白，只有喂养，缺乏教养，只有抚养，缺乏修养，那么人会得一种不治之症：良心坏死症。

深圳一个并不富裕的青年丛飞，资助了183名贫困儿童，累计捐款捐物300多万元。2009年被评

为"100位新中国成立以来感动中国人物"之一。丛飞资助的李某大学毕业了，当了大学老师。有一次接受媒体采访时，"不小心"说出了受丛飞资助上大学的事实。后来看到记者文章中提到了自己的名字，便要求丛飞想办法删去文章中他的名字。丛飞的朋友问他为什么，他说这事让学生知道了会很没面子。——这是一个得了良心坏死症的老师。

后来丛飞得了胃癌住院了。记者又打电话给丛飞帮助过的一位姑娘。是丛飞资助她上了大学，又曾经帮她找到工作。记者告诉她，如果不及时治疗，恩人就会有生命危险。"现在丛飞没钱治病，你想没想过向他伸出援手？"

这姑娘说："向他伸援手？怎么伸呢？给他治病？可我现在每月不过三四千元钱，还没这个能力。再说，他也从来没向我提过这个要求。"

记者说："你无力帮助他，可也应该去看看

他，让他知道你还没有忘记他呀。"

姑娘立即回绝："我太忙了，没有时间。"——
这又是一个得了良心坏死症的姑娘。

我们不知道，我们是在做好事，还是在做糊涂事
呢？我们不知道，那位老师如何去教育学生，也不知
道那位姑娘将来如何做一位合格的母亲，她会不会教
出来下面这样的孩子呢？

河北一位农民母亲从数千里外的老家到镇江，
看望正在医科大学上学的儿子。端午节快到了，她
还拎了一篮子粽子。这名大学生对此感到十分不

快，他觉得衣着破旧的母亲会使自己丢脸，会被同学笑话，于是竟将母亲拦在校门口，坚决不让母亲进校园，还让母亲把带来的一篮粽子原封不动地带回去。最后，这位母亲不得不含泪离开。

后来，一位老师追上了这位边走边抹泪的母亲，想劝她进学校去看看。这位母亲看到有人追上来，赶忙将眼泪抹掉，连声说"没事没事"，再三谢绝老师的好意。"回家还有很多农活要忙。"说完就急匆匆离去了。

亲爱的父母朋友，这能不让人伤心吗？难怪有人迷惑："孝子，孝子，不知道是孝敬儿子，还是孝敬老子！"

一些数据更让人无语：东南大学对该校 100 多名

在校大学生进行问卷调查，统计显示，82%的学生与父母的联系方式是电话，主要动机是要钱；保留了和父母通信习惯的学生仅有8%；每年都能记得父母生日的学生仅有9%。另外一份"揭秘中国城市母亲"的调查报告显示，在中国妈妈当中，奉献型妈妈占最大比例。但是，对妈妈们的这种奉献，孩子们的反应千差万别。一名15岁的初二学生伙同同学杀死了自己的生身母亲后，若无其事地过了3个多月，直到被警方逮捕，案件才真相大白；一名高中生因为没钱上网，回家偷东西，并当众殴打母亲；九成以上的孩子认为母亲"太唠叨"，孩子对付母亲说的常见句式之一就是："妈，您少说两句行吗?!"……

触目惊心啊！如果一个人连自己的母亲都不尊重，还会尊重谁呢？如果一个人连对父母的感恩回报之心都没有，他会懂得回报社会吗？正因为如此，有公司在捐款时提出，受捐助的大学生"必须回报"

的条件，结果还引起了争议。我们不禁要问，回报还用别人说吗？羊羔跪乳、乌鸦反哺，动物都能知恩图报，人为什么却每每忘恩负义呢？"滴水之恩，涌泉相报"，这是最基本的做人学识啊，为什么有人受人涌泉之恩，没有滴水相报呢？为什么有人付出了炽热的爱心，收获的却是一颗冰冷的私心呢？为什么播在孩子心田里的父爱母爱，却结出了变异的恶果呢？生个残疾儿，是父母的一大遗憾。有的孩子身残，有的孩子脑残，要我说，最大的残疾是心残，一个孩子没有一颗感恩的心，是父母对孩子造成的最大的残疾。

父母朋友们，是该醒来的时候了。可怜天下父母心，培养忘恩负义人。只有辛苦没有智慧，栽什么树苗不一定结什么果，撒什么种子不一定开什么花。只有爱心没有爱智，那就是糊涂的爱。孩子不懂事，源于家长不明理。这个理就是，总是得到爱的人，未必懂得爱；只有付出爱的人，才会珍惜爱。还是让我讲一个真实的故事吧。

　　我的一个学生在一家上市公司做人力资源经理，他有一次听我的课，对我讲到的"仅仅有爱，远远不够"的观点深有感触。他说他有一个非常聪明可爱的儿子，已经9岁了，孩子从小就由爷爷奶奶带。全家人数爷爷最疼爱这个孙子，上学送、放学接，还经常背着孙子走。爹妈要教训这孩子一下都很难，因为爷爷是最大的保护伞。

　　后来爷爷病故了，小孙子只在送葬那天哭了一回，然后就几乎把爷爷忘了。再提起爷爷的时候，他好像没有什么感觉一样。爸爸认为孩子小，也不奇怪。可让他奇怪的是，有一天，家里的小狗乐乐死了，这孩子却哭了一个星期。差不多在大半年里，这孩子一想起乐乐就哭。爸爸就骂他："这个没良心的浑小子，你不哭爷爷哭小狗。有一天我要是死了，我看你也不会哭我。"

我就问他，你发现这孩子和小狗有什么联系吗？他想了想告诉我："这孩子每天喂狗，给狗洗澡，狗有病了，他带狗去打针。一放学回来就去遛狗，从来不嫌麻烦。"我说这就对了，人们爱他为之付出的东西，远远超过爱他所得到的东西。有一种误解认为，一分耕耘一分收获，付出了就能得到回报。那绝对是个天真的想法，如果耕耘不得其法、不得其时，十分耕耘都会颗粒无收。在爱情上，在亲情上，更是这样，因为要得其力，得其时，得其法，才能得其效。而最重要的方法，就是用爱行来培养爱心，用付出来体验感恩。你看那孩子爱他为之付出的小狗，竟然胜过为他付出爱的爷爷。所以道理是，得到爱的人，未必懂得爱；付出爱的人，才会珍惜爱。

道理通了，爱的智慧就出来了：要让他珍惜爱，首先让他付出爱；要让他有爱心，必须要让他有爱行；要让他感恩社会，先让他从感恩父母开始吧。

细心的父母，利用日常小事对子女进行"滴灌"

许多家长的教育为什么效率极低？原因就在于"喷灌"，平时不管，一管就是讲大道理，倾盆大雨一般，然而雨过地皮干。最有效的教育方法是利用生活中的点滴，对孩子进行"滴灌"，比如，爸爸帮妈妈做事时，妈妈要对爸爸说"谢谢"；姥姥帮着带孩子，爸爸妈妈要说"谢谢"；叔叔送给孩子礼物时，不光让他说

"谢谢"，在他每次玩玩具时，父母都要提醒他"这是叔叔送你的玩具，你长大了，要送礼物给叔叔"。别光灌输知识，还要在知识中渗透情感，比如，孩子背100首诗，不如记住爸爸的生日是6月15日，妈妈的生日是8月18日。唐诗固然好，母爱价更高。让我们通过点滴小事，让爱的种子悄悄发芽吧！

得法的父母，借用节日进行喷淋

在我的管理课堂上，我经常问这样两个问题：2月14日是什么日子，许多人都知道，这是情人节；再问11月的第四个星期四是什么日子，大多数人都不知道。这是感恩节啊。看来人们记住爱情比记住恩情更容易。中国人引进了那么多的西方节日，唯独淡忘了最有意义的一个节日，就是感恩节。在中国，有父亲节、母亲节、教师节、重阳节、春节，却还没有法定的感恩节。为什么不可以将儿童节作为感恩节呢？一个三年级的学生，在母亲节那天，早早就备好了自己的礼物，可是妈妈一见到他就说："干吗？别整这套没用的，好好学你的习得了。"你我都知道这位母亲没有恶意，但孩子听懂的语言是，原来我不需要去爱，只需要考出好成绩。于是孩子就被培养成了不懂爱、不会爱的心灵残疾。

明智的父母，利用对比启发孩子的认识

许多家长带着孩子去感受大自然，但是太少家长有意识地带孩子去感受社会。以至于孩子认为别人的关怀就像阳光、空气一样，都是白给的。还有些孩子从来没有缺少过什么，也就不知道"有"与"没有"的区别。因此你不妨带他们去参观孤儿院，让他陪那些失去父母的孩子度过一天；或者让他和贫困学生结对

子，捐助他们上学。培育他的慈悲之心、惜福之心和感恩之心。

有料的父母，用现实中的故事进行示范

在《修剪生命荒芜》这本书里，作者马丁·狄汉讲了这样一件小事，让我印象深刻。

一位女士在购物时没带足够的钱。当她到柜台结账时，发现还缺 4 美元。她在皮包里翻来找去，很窘迫的样子被后面排队的人看到了。她身后一位等候结账的男士走上来，请收银员把那 4 美元算在他账上。那位女士要还他的钱，他客气地婉拒了，

也没有留下姓名。

几天之后，当地的报纸报道了这样一则消息：一家慈善机构收到一张 4 美元的支票及一张纸条。纸条的内容是这样的："这张支票是为一位先生开的，他在我陷入窘境时，向我伸出援手。我想将这张支票捐赠给你们，以表达我对他的谢意。"

这个故事告诉我们什么呢？那就是，我们可能不是一对一地回报，但我们受了他人的恩惠，有责任将别人对我们的这份恩惠传递给他人。爱因斯坦说得非常好："每天我都无数次地提醒自己，我的内心和外在的生活，都是建立在其他活着的和死去的人的劳动的基础上。我必须竭尽全力，像我曾经得到的和正在得到的那样，做出同样的贡献。"你看，伟人之所以成为伟人，就是因为有这样的情怀。

有效的父母，创造机会让孩子在行动中感受

　　有些父母，只要孩子好好学习，什么都不用做。很多人可能没有意识到，这不仅剥夺了孩子的劳动能力，更可怕的是剥夺了他们学习报恩的机会。为人父母，总以为"无私奉献"很伟大，但是你的无私奉献，如果只培养了孩子的索取心，就叫"用爱心培养毒苗"。所以我们必须让孩子为父母做事、为他人做事。比如，让孩子倒杯水给爸爸喝，让孩子把妈妈的背包背起来。爷爷奶奶有病了，爸妈不仅要像《弟子规》中讲的"昼夜侍，不离床"，还要适当让孩子分担一些护理责任。当孩子做了这些事情时，父母都要真诚地感谢他、赞扬他。

在孩子进入成人世界之前，不仅让他们体会到孩子的乐趣——那种乐趣的核心是得到，还要让他们体会到成人的乐趣——那种乐趣的核心是付出。"亲人因我更快乐，世界因我更美好。"这是好儿女应有的情操，也是你和我应有的福报啊。

05

爱有钥匙，轻松开启孩子的心门

在每一个孩子的心里，都有一个"情绪的箱子"，需要用爱填满。但是填有填的章法,没有章法的"强塞"并不给力。正如用好一把钥匙，关键不在于你怎么用力，而在于能否与锁芯对上号。

　　你还记得小时候的宝宝吧？在你上班前含着眼泪说"妈妈再见"，一下班就扑到你怀里亲了又亲，睡觉前不停地缠着你讲故事，第一次上幼儿园拉着你手不肯松开。每当你想到这些，你的心就会变得特别柔软，孩子是上天赐给父母最好的礼物。可是随着他们慢慢长大，你开始发现他们和你疏远了，孩子的房间成了对你设防的城堡，他们不再跑到你的卧室里，你需要敲门进入他们的房间；即使进去了，也会感觉到他还紧紧地关着心门。孩子心里到底在想什么？父母越来越不清楚了。为人父母，含辛茹苦，但是日夜操劳不算苦，最苦的是得不到孩子的理解，敲不开孩子的心门。

我的朋友，是一位颇有名气的"锁王"。他曾经重金悬赏：谁开了他的锁，就可以得到 50 万元。我说："会有人打开吗？"他告诉我："到现在还没有。不过，没有打不开的锁，除非你配错了钥匙。"

　　由此我就想，每个家庭中的孩子不都是有一把锁吗，孩子不愿意沟通，就是锁上了自己的心门。门外的父母弄不清里面发生了什么，那个急啊，恨不得马上破门而入。这个时候，我劝你，千万打住。你要静下心来想一想，当你唱"小兔儿乖乖，把门开开"已经不再管用，他把你当成大灰狼的时候，你除了破门而入还有没有更好的方法？对了，"不开不开我不开，妈妈要拿钥匙来"。美国著名家庭情感专家盖瑞·查普曼博士说得太好了，拥有良好的亲子关系，根本不能靠运气，只能靠钥匙。掌握亲子教育中沟通的技巧，最关键的就是要了解爱，了解爱之锁，了解爱会有不同的钥匙。

如果用错了钥匙，结果会怎么样？我们随便找一个家庭去看看吧。

晚饭后，妈妈收拾餐桌，爸爸在看报纸，孩子在看电视，各忙各的，互不打扰。这时，爸爸问孩子："画画了吗？""画了。""做作业了吗？""快写完了。""没打游戏机吧？""没打。""今天在学校都干什么了？""没干什么！"一旁的妈妈急了，说："你这孩子怎么说话的啊？"孩子回答："你看，那怎么说话？学习来着，作业来着，吃饭来着，背英语来着，行了吧?！"

这是在大多数家庭中最常见的一幕。"今天乖不乖啊""听不听话啊"这样的问话，对两三岁的孩子屡试不爽，因为孩子只需要回答"乖""听话"就可以了。但对一个十多岁的孩子还用这招，就算你不烦他早就烦了。你想啊，如果你的上司动不动就这样对你说"计划做了吗""报告写了吗""没有得罪客户吧""没有上网、玩手机吧"，你会有什么样的感受呢？这不是关心是质问，不是友善是审查。孩子是渴望交流的，但是他们需要的不是一个监控镜头，而是一个知己伙伴。看看下面这对父女的聊天，你就明白了。

一天，父亲发现女儿做了个新发型，就轻声问："小丽啊，这发型好棒啊，有点像网球美女莎拉波娃。"（注意：莎拉波娃是女儿的偶像。）女儿说："是啊，这是在那家新开的芭拉发型设计室做的。"

妈妈和女儿上街，买回一件羽绒服，老爸一看就说："哇！这是耐克的暖冬系列呀！"女儿一听："老爸好眼力呀，特轻特保暖。"父亲接上话说："又是莎娃做的形象代言人吧，你都快成'莎丝'啦。"女儿说："怎么能叫快呢？我就是铁杆'莎丝'。"妈妈接过来说："我也买了一件，是'铁丝莎丝'。"一家三口哈哈大笑。

你看，这就是沟通。最好的亲子关系是，少当裁判，多当啦啦队；少当法官，多当亲友团。孩子是你人生中的一位特殊朋友。你能拿同事当朋友，能拿客户当朋友，为什么不能放下架子，拿孩子当朋友呢？怎么对待朋友？心理学家威廉·詹姆斯说过，人类心底最深处的需要，就是感觉被人欣赏。要关怀，更要欣赏。而且一定不是随便说"好看好看"，要说"哇！这是耐克的暖冬系列呀！又是莎娃做的形象代言人吧！"这叫行家之赏，非同凡响。

开启孩子的心灵，通常需要五把爱的钥匙。

爱的第一把钥匙：身体的接触

你还记得吧，孩子一出生你就用身体接触与他交流了。孩子哭闹了，你就把他抱起来，那个柔软的小生命就会安静下来。什么都不用说，你的身体会传达小生灵能够理解的信息：我来了，我在关注你。身体语言就是这么微妙，它沟通情感、表达爱意，直到孩子长成大人了，内心里还是渴望着身体的接触。在情感的寒冬里，一个拥抱就是一盆炉火；在人生的风浪

中，一个肩膀就是一个港湾。其实，孩子的要求尤为
强烈，特别是在他紧张不安，需要关注、疼爱或者安
慰的时候。这种身体语言是家庭教育中不可缺少的一
部分。

正如英国著名教育家赫伯特·斯宾塞所说："拥
抱、抚摸、牵手，也是教育的一部分。"斯宾塞把孩
子因缺少爱抚变得沉闷的现象，叫作"皮肤饥饿"。
他说，"皮肤饥饿"是食物无法满足的，需要的是爱
抚和抚摸。如果孩子长期得不到这种满足，就会发育
不良、智力衰退，甚至变得迟钝。反之，经常抱抱孩
子，摸摸他的头，拍拍他的背，可以让孩子感觉到父
母的爱，产生安全感。

心理学家丹尼尔·戈尔曼就讲了这样一个感人的
故事。

一个小男孩正在发脾气，不巧遇到叔叔来串门，小男孩闭上眼睛跟叔叔大吵大嚷："我讨厌你！"叔叔微笑着说："可是我爱你。"小男孩又说："我讨厌你！"声音变大，而且斩钉截铁。叔叔却更温柔地回答："我还是爱你。"小男孩大喊："我讨厌你！"叔叔说："没关系，我真的很爱你。"并且张开双臂，把小男孩搂住。小男孩终于软化："我也爱你。"整个人投入叔叔的怀抱。

然而，我们发现，很多的中国父母对这一点不太在乎，在孩子需要的时候，没有及时主动张开自己的双臂。尤其当孩子长到十几岁时，有的父亲不再拥抱和亲吻自己的女儿，母亲也不敢拥抱和亲吻自己的儿子。事实上，十几岁的孩子非常需要父母的拥抱。有位女作家就说，即使他的儿子已经一米八几的个头了，他们还是坚持拥抱。她认为拥抱是安抚情绪的非常重要的因素。虽然中国人表达感情比较含蓄，但是一家三口的拥抱是比较能接受的。母亲与发育年龄的儿子、爸爸与发育年龄的女儿，拥抱要看时间和场合。

爱的第二把钥匙：欣赏的语言

有一位母亲，她的儿子在读小学。有一次，她去开家长会，老师告诉她，你的儿子在智力测验中得了最后一名，他的智商低于正常人，有点"阿

甘"的感觉，你最好带他去医院查一查。这位母亲没有过多地解释，她知道儿子不是一个笨孩子，只是因为早产，着急出来看这个世界，不太适应。在回家的路上，儿子问她："妈妈，老师悄悄地跟你说了什么？是不是说我是个笨小孩？"她鼻子一酸，眼泪差点流了下来。但她告诉儿子："老师表扬你了。老师说，你不是个笨孩子，只要细心一点，你的成绩要比现在好很多。"她发现，儿子听了这话，眼睛一下亮了许多。后来的日子，儿子上学出门比平时都要早。

儿子上中学了。又一次家长会，确切地说，是高考动员大会。会议结束后，班主任叫住了她，告诉她："以你儿子现在的成绩，考重点大学有点危险。"母亲十分惊喜，因为以往的多次家长会，儿子的名字总出现在差生的行列里。回家后，她告诉儿子："班主任对你的成绩非常满意，只要你再努力一把，就有希望考上重点大学。"

儿子高中毕业了。大学录取通知书寄到了家里，那封快递上赫然印着"北京大学"的标志。儿子被北大录取了，在报考时，她就跟儿子说过，相信他一定能考取。儿子拿着通知书，抱着母亲哭了，边哭边说："妈妈，我知道我不是个聪明的孩子，谢谢您一直欣赏我、肯定我、鼓励我……"

愚笨的通常不是孩子，而是父母。愚笨的父母打击孩子，聪明的父母激励孩子。在充满被肯定的环境下成长，孩子学会了立定志向；在不被肯定的环境下成长，孩子学会了自暴自弃。所以，言词的钥匙，不选贵的，只选对的。坚持"说好话"的四项基本原则是：要鼓励不要打击，要肯定不要否定，要仁慈不要刻薄，要谦和不要傲慢。如此，心与心的距离就会越来越近。

爱的第三把钥匙：专注的时刻

有些父母说："我也欣赏他、肯定他，也鼓励他啊。我天天跟孩子沟通，为什么孩子反倒离我越来越远，甚至我一说他就烦呢？"你知道事情的真相吗？看一看新加坡的影片《小孩不笨》吧。那里面的男孩子有一段话很具代表性："大人经常以为，和我们讲话多了，就是沟通了。其实他们都是自己讲、自己爽，而我们通常都是假装在听，然后一边耳朵进，另一边耳朵出。我们到底有没有听进去，他们不管。只要他们有讲就算了。……你看奶奶，她讲得多爽，我看我们被他们的话淹死，他们都不知道为什么。大人讲那么多话，为什么不明白，多了就很难消化的道理呢？

有时候，我们真想把话说清楚一点。"

你怪孩子不听，其实是你没有倾听。听听孩子的心声吧。话不在多，入心则灵。所以，话多不如话少，话少不如话好，话好不如话巧。子禽问墨子："多言有益乎？"墨子说："多言何益？惟其言之时也。"墨子说得太好了。多说话有什么好处呢？重要的是话要说得切合时机。有些父母很喜欢跟孩子边看电视边聊天。那只适合一些无关紧要的事情，因为这个时候，孩子兴趣正浓，话到了他的耳，到不了他的心。好雨知时节，当春乃发生。找个时间，跟孩子两个人安静下来，用眼对视，用心交谈。最好的沟通，不是长时间、低能量的唠叨，而是短时间、高能量的专注。

但是，有些父母又太专注了，不给孩子空间，这又进入了另一个误区。父母爱孩子，天经地义。但是，很多孩子却对此感到害怕。为什么？不是因为妈妈是个"母夜叉"，而是因为妈妈"太爱他"。你想想自己是不是这样？你是不是一个"三围父母"？围着厨房转，围着爱人转，围着孩子转。你很爱你的孩子，所以你全身心投入，处处为孩子着想，大事小事一把揽过，体贴照顾无微不至。大多数的家长以为这样做就尽到了责任。可是，你一心一意地为孩子服务，孩子却偏不领情，转身把房门锁上。你知道原因吗？

2010年，浙江省发生了一起挥刀弑母的悲剧。张建军，一个名牌大学的毕业生，到杭州找工作，母亲为了照顾他的生活，一起到了杭州。 一天，张建军因事跟母亲吵了起来，然后动起手来。接着，张建军看到母亲身后的刀架，就拿起一把刀，往母亲的肚子上捅了一刀。结果，母亲因腹主动脉、心脏及肝脏破裂，急性失血死亡。

看着倒下的母亲，张建军拨打了110，又拿起一把刀，想割腕自杀，被赶来的警察制止并带走。在法庭上，公诉人问张建军："你认为，你母亲是一位什么样的母亲？"张建军回答说："关心我，但关心过度。母亲总是管得太多，什么事都要过问。"

专注，并不等同于过多地干涉孩子。父母跟孩子之间要设立界线，你不要碰到孩子的底线；同样，也要让孩子清楚你的底线。

爱的第四把钥匙：礼物

它同身体接触一样，也是一种无声的语言，但媒介是物而不是身体。查普曼博士认为，礼物是一件提醒对方"我还爱着你"的东西。父母应该送给孩子什么样的礼物呢？有一个母亲跟我讲，她读了我的《进入成人世界的 9 个密码》后，相当有感触。她有一个 12 岁的女儿，正在上小学四年级，当时，她把书放在家里，没想到女儿对这本书很感兴趣，拿去认真地看了，看完之后还跟她一起交流。她跟我讲，她已经把这本书作为礼物送给了女儿。她说，因为这是对孩子未来成长很有意义的东西。

这位母亲说得太好了。最好的礼物，不是生日蛋糕，不是名牌衣服，不是高级跑车，而是伴随孩子成长的比较珍贵的东西。有些父母给孩子买礼物从不手软，花了 200 多万给孩子买了辆宝马跑车，没想到孩子出门就成了肇事魔王，驾着跑车撞了人。有爱智的父母应该明白一点，最好的礼物，绝不是给孩子提供炫耀的资本，而是给孩子提供成长的能量。

爱的第五把钥匙：无声的服务

有形的礼物容易理解，无形的服务常被忽视。其实这种东西的能量级别最大。

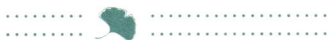

我有一位朋友告诉我，他女儿是周杰伦的粉丝。他对此很不理解，说不就是一个"口齿不清"、哼哼呀呀的男生吗？有什么听头呀？我告诉他："服务于她，才能引导她。你想引导一个有些激进的人，最有效的办法不是强制她保守，而是你比她还激进。"

于是他下了一番功夫，好好研究了一番周杰伦。并且不动声色地帮女儿弄到了周杰伦演唱会的门票，陪她一起去欣赏。听完演唱会，他告诉女儿，《青花瓷》的歌词很美，"天青色等烟雨，而我在等你。炊烟袅袅升起，隔江千万里，在瓶底书汉隶仿前朝的飘逸……"那种烟雨蒙蒙的味道，最适合用周杰伦那种含混不清的发音。

女儿立刻史无前例地和老爸有了同频共振。她问老爸："周杰伦为什么缺少那种大气磅礴的歌曲？"爸爸回答："周式歌曲，基本上是总音域在八度以内，旋律线长时间平直，适合表现孤芳自赏的月光情调，不适合表现高昂激越的阳光风格。""老爸酷毙了！"女儿对爸爸的崇拜之情溢于言表。

对待孩子，不少家长图省心，可以用心解决的问题总是用钱去解决。比如没有时间陪孩子，就给一大笔钱，"想买什么就买什么吧"。其实用心比用钱更管用。

　　我有一个朋友就是这样。他自己搞了个印刷包装公司，生意做得不错。儿子大学毕业了，他想，终于可以让孩子帮忙打理了。可是，儿子一天夜里找他商量说："爸爸，我想去做房地产中介，我觉得这是一项很有挑战性的工作。"

　　看到儿子有自己的兴趣，朋友没有强求儿子到自己公司工作，而是通过自己的人脉关系，帮助儿子进入一家房地产中介公司做置业顾问。孩子心里很感激，工作很努力，父亲也很欣慰。你看，他不仅轻轻松松就开启了孩子的心门，而且走进了孩子的心灵深处。

　　亲爱的父母朋友，在每一个孩子的心里，都有一个"情绪的箱子"，需要用爱填满。但是填有填的章法，没有章法的"强塞"并不给力。正如用好一把钥匙，关键不在于你怎么用力，而在于能否与锁芯对上号。建议父母不妨试试"多少法则"：多倾听，少唠叨；多鼓励，少打击；多引导，少强制；多用心，少用钱。

06

赏识有度，失败源于失衡

赏识和挫折要有个度，到了临界点，教育就会失衡；
不超过这个度，就能够维持平衡。所以说，教育是平
衡的艺术。

家家有本难念的经。

请我做顾问的一家大型企业的女总裁，管理有方，得到员工敬爱。她有一个女儿，长得漂亮，是学校里的文科状元。去年她还到女儿学校做了一场主题为"赏识教育让孩子成长"的报告。

有一天晚宴喝了点酒，她就和我谈起了亲子教育。她告诉我，她的孩子是在夸奖下长大的，容不得别人说"不"字。有一次因为她反对女儿早恋，说了女儿几句不是，女儿竟然离家出走了。好不容易找了回来，女儿看她就像见到仇人一样。看看孩子冷冷的表情，已经三天三夜没有合眼的她哭得稀里哗啦："孩子啊，妈妈真的拿你没办法啊！"

外面指挥千军万马，回家拿孩子没有办法。我相信这是许多家长面临的困境。教子难，难在你没有辞退权，难在你左右都不成。顺着他们吧，他们不知天高地厚；逆着他们吧，他们和你反目成仇。有一点不开心，要么离家出走，要么以死了断。

2010 年 1 月 12 日，昆明玉溪某中学初一女生在 13 岁生日当天从宿舍 4 楼跳下身亡，原因是遭到同学的谩骂；

2010 年 5 月 19 日，河北邯郸第二中学 15 岁在校女学生从 6 楼跳下，当场死亡，原因是听 MP4 被班主任劝退反省；

2011 年 2 月 28 日深夜，黑龙江的高三学生祝小约跳楼轻生，结束了 17 岁的生命，原因是考试压力太大；

2011 年 5 月，河南商丘 17 岁的初中生范范赌气空腹喝下一瓶敌敌畏，原因是陪同学看病，缺了一下午课，被父亲误以为逃课而打骂。

......

一个个花季生命就这样逝去，孩子伤不起，家长的心更伤不起。现在的孩子为什么那么脆弱？受得了表扬，受得了赞美，受不了批评，受不了挫折。父母努力培养好孩子、乖孩子，可为什么培养出的却是弱孩子、脆孩子？许多父母感叹，恨铁不成钢。但你有没有想过，可能不是孩子不成钢，而是我们炼钢的方法出了错呢？

　　我小时候曾经到过铁匠坊，看到铁水从炉里倒到模子里，先要撇去表面的杂质，凝固后师傅便开始锻打。每锻打一次就上秤称一次，打一次就轻一点，直到上百次锻打后，重量不再减少，那就是纯钢了。这时候，即使再锻打上百次也不会耗减，因为它已经能够经受住任何打击了。

　　这还不够，要想成器，还有重要的一关，就是淬火。要打一把钢刀，师傅先要把刀烧红，再把它放在水里边，只听刺啦一声，钢刀表面已经变成了青紫

色。这把刀经过淬火，就变得硬而不脆了。最后一
关，就是在磨刀石上去磨，这叫开刃。然后这把刀才
可以使用。一把好刀都要经过这么多工序，一个好人
不也需要这么多过程吗？很多家长就是不懂怎么精
炼、怎么锻打、怎么淬火、怎么开刃，所以教育出来
的孩子要么质地太软，一用就钝了；要么质地太脆，
一用就断了。亲爱的父母朋友，遇到外力容易断裂，
不在于钢铁而在于师傅；遇到困难容易倒下，不在于
孩子而在于父母。上等的好钢是能够"化为绕指柔"
的。我们的孩子要成为上等的好钢，还需要父母掌握
一点专业的功夫。

前面那些没能经受住挫折打击的孩子，往往都
有一个前提，就是人生太顺，就像三国的周瑜，少
年得志，十八岁就辅佐孙策平定江东，二十几岁便
当了东吴大都督，统领江东六郡八十一州的兵马，
是难得的英雄人才。不仅如此，周公瑾雄姿英发、

气宇轩昂，娶得绝色美女小乔，可谓春风得意。但是，春风得意的人赢得起，却输不起。在遇到诸葛孔明之后，周公瑾招出必输，计出必败。结果，在诸葛孔明的三气之下，挫败的周郎气火攻心，竟不治身亡。其实，细细一看不难发现，是挫折让周郎没了信心。往事无可考证，事理相当典型。少年得志，未经人世坎坷的人，在遭遇苦难挫折时最容易一蹶不振。

现在的孩子，大多数生活在标准的"非常6+1"家庭，从小就在爷爷、奶奶、外公、外婆、爸爸、妈妈的呵护下长大。长期下来，孩子就会习惯顺境、依赖成性。出了问题无从适应，经受不住打击，从而选择逃避或者极端的方式来结束自己的生命。这是相当可怕的，也是相当可悲的。希望生活中少一些周瑜式的孩子，多一些乔布斯式的孩子。

史蒂夫·乔布斯，苹果公司的首席执行官，一出生就成了弃儿，被人收养。长大后进入一所不错的大学，为了减轻家里的经济压力，乔布斯选择了退学。后来，他与沃兹尼亚克创立了苹果电脑公司，公司成立四年就上市，25 岁的乔布斯成为亿万富翁。但是，不久之后，乔布斯却因意见不一，被董事会挤出公司管理层；但他没有气馁，再次创业并再次成功；结果又发现自己患上了癌症。可谓命途多舛。遇到这样的事，有些人栽了跟头，从此一蹶不振，有些人却愈挫愈勇、百折不挠。乔布斯属于后者。

事业失败，失去健康，几经起伏，乔布斯够自杀多次的了。但是，我们看到，人生中的起起落落不仅没有令乔布斯倒下，反而造就了他百折不挠的韧性。千磨万击还坚劲，任尔东西南北风。就像美国作家海明威在《老人与海》中说的："人不是为失败而生的，一个人可以被毁灭，但不能被打败。"培养打不败的孩子，比培养只能胜的孩子更好。有了打不倒的品格，他就是最优秀的。可能有家长要问了，多少人都是没遇到乔布斯那样的挫折就放弃了，怎么办？

如果你真的爱你的孩子，我告诉你一个办法：不等天磨，要人磨。且来看看家庭教育专家蔡笑晚的教育故事。

········· 🍃 ·····················

蔡笑晚育有 6 个子女，其中老四蔡天润在读中学的时候，社会上流行看武打片和金庸的武侠小说。跟许多同龄的孩子一样，蔡天润梦想自己也能练就一身武功。所以，原本学习成绩优秀的蔡天润对读书不感冒了，一心想去学武。他还给父亲蔡笑晚写了两封决心书，决心成为一代武术大师，打遍天下无敌手，保卫家园。尽管蔡笑晚认为儿子还应以读书为重，但是，年少的蔡天润根本听不进劝告。于是，蔡笑晚决定让他去学武。

在跟江西一所武术学校的老师通信之后，蔡笑晚郑重其事地为老四摆酒送行。没想到，蔡天润去武校没多久，就写信说那里不是他该去的地方，说想要马上回家。但是，蔡笑晚没有即刻同意。他说："想去就去，想回就回，这是对自己的事情不负责任，将来还会遇到问题。既然去了就必须坚持。"

在错误的路上不轻易让他退回，把握淬火的火候，韧性会更好。最后，蔡天润在武校坚持了一个学期后回家一心读书，考上了华西医科大学，这其中武校的经历也让他受益不少。

蔡笑晚的做法值得父母们借鉴。

人常说，不经天磨非好汉。但在天磨之前，适当的人磨尤为重要。你会看到，在温室中长大的花朵，难耐外面的风吹雨淋。同样，总在赏识中长大的孩子，耐挫能力会降低。在中国，孩子学走路的时候，刚走了两步，爷爷奶奶就说"太棒了""做得好"；两岁的孩子刚学唱歌的时候，爸爸妈妈就说"宝宝你真棒""唱得真好，再唱一个"。有些孩子已经十多岁了，父母还是这样低水平的赏识。赏识惯了的孩子走进学校之后，在几十个、上百个被赏识的孩子中间，老师的那点赏识就不起作用了，没了赏识就失去了动力，他就不想学习了。

赏识就像一颗颗甜滋滋的糖果，吃一颗，美味可口。但是，如果一个孩子总是吃糖就会长龋齿。怎么办？要刷牙。经常用挫折、用批评去"刷牙"。在这一方面，你可以看到——

• • •

美国的父母是这样做的：孩子从 1 岁开始，父母就会把他们放在餐桌边的固定椅子上，把食物放在他们面前，让他们自己用刀叉或小手吃饭；孩子 3 岁，就让他们自己叠被子，帮忙摆餐具；再大一点，要零花钱就自己打工去挣。

日本的父母是这样做的：大雪纷飞的冬天，父母会让年幼的孩子赤身裸体地在风雪中摸爬滚打。在冷飕飕的寒风中，即便孩子冻得嘴唇发紫、浑身发抖，父母也只是站在一旁，置之不理。孩子上中学之后，父母还会让他们到孤岛上或森林里经受野外生存的磨炼。

俄罗斯的父母是这样做的：在孩子 2～3 岁的时候，父母就很少再抱孩子或背孩子了，而是放手让孩子自己去走。走不稳摔倒了，父母只是停下脚步，鼓励他们自己爬起来，继续往前走。

· · · ————————

　　输不起就赢不了，不坚强就会被打倒。我们可以看到，军队绝对是一个培养铁汉的地方。在几年前那部军事影片《冲出亚马逊》中，有一个代号"猎人学校"的训练中心，那是一个专门培养特种兵的基地。在委内瑞拉的热带丛林里，不仅环境恶劣，训练也是极其残酷的。对于接受训练的特种兵来说，每一次训练都是一场实战。但是，在经历了高强度的挫折教育和魔鬼式的强化训练后，特种兵成为打不倒的铁汉，遇到挑战，越战越勇。正如这所学校的校训所写："这里造就的是最具战斗力、最凶猛、最有头脑的战士。"

　　对于一个普通孩子来说，远远不需要那么残酷的磨炼。他需要的是经历挫折的领悟，需要的是把磨难看成上天的礼物，懂得闯不过去的可以绕过去，扛不起来的可以放下来。正如印度诗人泰戈尔的那句诗所说："只有经历地狱般的磨炼，才能炼出创造天堂的力量；只有流过血的手指，才能弹出世间的绝唱；只有在暴雨中搏击过，才能有豪迈的飞翔。"亲爱的家长朋友，你真的为孩子长远计，就不要说前方的路太凄迷，而是让孩子经受一些磨砺，这样，在未来的日子里，孩子就会知道怎样保重他自己。

值得注意的是，赏识和挫折要有度，过了临界点，教育就会失衡，不超过这个度，就能够维持平衡。所以说，教育是平衡的艺术。那要达到一个什么样的比例会比较好呢？比如，在孩子 2 ~ 5 岁的时候，可以用 9 分赏识 +1 分挫折；在孩子上小学的时候，可以用 8 分赏识 +2 分挫折；在孩子上中学的时候，可以用 7 分赏识 +3 分挫折……在孩子的耐受范围内逐步加大，一折不挠、十折不挠……最后就是百折不挠。我们要利用孩子成长过程中的自然事例来逐步平衡挫折教育。如果挫折大了，家长要一起承担，不然孩子就会没了骄气，也没了勇气；如果挫折不够，家长可以适当地补上一点。这个过程一定要把握好锻打的火候、尺度和分寸。好父母不仅是好保姆，还是好师傅。增加韧性，减少脆性，磨好心性，完善人性，这是父母给孩子的一生之幸！

07

根治厌学，补课不如"补趣"

研究一下那些主动自发学习的孩子，就不难发现还有另外的捷径，那就是，书山有路趣为径，学海无涯乐作舟。补课真的不如补趣。不要以为我反对补习，我只是让大家记住补习的先后顺序。

在爱尔兰，一家爆破公司有一天接到一个 8 岁小姑娘打来的电话，问公司能不能把她所在的学校给炸了。接线员开玩笑说当然可以。小姑娘接下来非常认真地对接线员说："你们准备炸学校的时候，可以保证所有老师都在里面吗？"接线员问小姑娘为什么？小姑娘说："没有人喜欢这些老师！他们在周五给我额外的功课，还有一堆杂七杂八的东西。"小姑娘稚嫩的声音顿时爆红网络。许多人听了，就跟接线员一样，忍不住爆笑起来，觉得孩子很可爱，但是如果孩子 18 岁了也这样想，那就可怕了。

在中国辽宁省的普兰店，一位高中毕业生就在百度上发帖，声称要炸了自己的母校。这让警方高度紧张，并且很快就找到了这个发帖者，依据《刑法》第291条规定，以涉嫌扰乱社会秩序罪，对这名学生处以刑事拘留。

在孩子们中间，这种情绪已经不是个别现象了。一部《炸学校》的动画短片在网络上流传甚广。"太阳当空照，花儿对我笑，小鸟说早早早，你为什么背上炸药包？我去炸学校……轰隆一声学校炸没了！"短片迅速走红，"炸学校"的儿歌竟然成了不少学生的"心声"。我们的家长和学校是不是要反思一下，孩子们为什么会有这么可怕的想法？为什么不喜欢学校？

或许从这位爱尔兰小姑娘的话中可以找到答案："额外的功课""一堆杂七杂八的东西"，孩子不喜欢的，是大人强加于他们的那些学习内容。

那么孩子是不是天性厌恶学习呢？绝对不是，学习是生命延续的天然动力，每个小孩子都有这样的动力。

在美国，有一个孩子叫爱丽丝，她刚满 4 岁，她的父亲就把她送到一个朋友那学游泳。那是一位著名的游泳教练，教出了很多优秀的游泳运动员。可是，过了几天，那位游泳教练却告诉她父亲，说爱丽丝有恐水症，一把她放到水里她就拼命地哭闹，不肯游泳，恐怕一生都无法学会游泳了。父亲一听，只好算了，把孩子送到幼儿园去了。

一天，父亲提早了半个小时去接孩子，老师说她还在和小朋友做游戏。父亲惊奇地发现，孩子扑通一声跳进游泳池，和其他小朋友一起在水里游了起来，还变换了两种不同的姿势！父亲感到非常惊讶。爱丽丝是怎么做到的？原来，班上有一个小家伙会游泳，每次在水里游得相当开心，其他的小孩子看了觉得很有趣，也都跟着模仿起来，几天时间，就全都学会了游泳。连游泳教练都教不了的孩子，自己却学会了游泳，家长百思不解。

为什么我们的家长百思不解呢？原来，我们只知道"书山有路勤为径，学海无涯苦作舟"，一个勤，一个苦，成了学习的不二法门。孩子厌烦学习，家长心里就急，妈妈帮你补一补，爸爸给你灌一灌。自己灌不了就请人灌，报这个培训班，报那个补课班，孩子的噩梦就开始了！其实，我们研究一下那些主动自发学习的孩子，就不难发现还有另外的捷径，那就是，书山有路趣为径，学海无涯乐作舟。补课真的不如补趣。不要以为我反对补习，我只是让大家记住补习的先后顺序。

好奇第一，奖赏第二

有一部美国电影讲了这样的一个故事：有一本书，情节引人入胜，悬念丛生，可是人们读到后面，发现结局部分被撕掉了。人们都很好奇，到底结局怎么样了？这个时候，魔鬼就出现了，他说："那个结局就在我手里，要是想看，需要付出代价，就是要拿你的灵魂来交换。"这个代价够大的，人们愿意吗？结果80%的人愿意用自己的灵魂来换取那个诱人的结局。这就是人类的好奇心的力量。

有心理学家曾经对3000名小学生进行了一项"学习的理由"的调查，结果发现学习成绩处于中低水平的孩子的理由绝大多数都是外在动机，比如，父母的夸奖、好成绩会有好奖赏……而那些学习成绩优秀的孩子，他们的理由多是"我喜欢学习""我对学习好奇心很大"……

我现在就挑动一下你的好奇心吧。你也许知道，美国最先进的火星探测器于 2011 年 10 月飞上太空。你知道它为什么叫"好奇"号吗？你知道这个名字出自 12 岁的华裔小女生马天琪吗？ 7 岁那年她随父母移民到美国，2009 年 6 月，美国太空总署为火星探测器命名举办了作文比赛，马天琪就在这场比赛中赢得了冠军。在作文中，她讲述了命名探测器为"好奇"的理由：

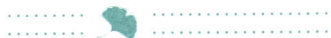

好奇心是人类永不熄灭的火焰，它燃烧着每一

个人的心，让我早上爬起来，想象着新的一天将会有什么样的惊喜降临到我的生活中。好奇心具有如此大的力量，以至于没有它，就不可能有今天的我们。当我还小的时候，曾好奇地问自己，为什么天是蓝的？为什么星星会眨眼睛？为什么会有我？又怎样活到现在？……好奇心让我们每一天都充满热情，让我们成为科学家和探索者，带着自己的渴求探索周围的世界。

言语不多，却深深地打动了太空总署的科学家，最后马天琪的中英文签名都书写在了"好奇"号探测器上。

对孩子来说，读书生涯是一场马拉松，不唤醒学习的好奇心，就跟不唤醒奔跑的快感一样。仅仅靠毅力来跑完这么漫长的里程，不仅是对孩子，就是对成人也是苛求。志向、毅力加好奇心，是学习的三驾马车，志向解决方向性问题，毅力解决稳定性问题，好奇解决趣味性问题，有了好奇心，学习就会变成一件乐事。

亲爱的家长朋友，你可能会说，我的孩子不缺乏好奇心，问题是他没有把好奇心用在读书学习上。怎么能够让孩子对学习拥有强烈的好奇心呢？其实早在1000年前，就有人解决了这个问题。

如果你学过中国文学史，就会知道"唐宋八大家"中有三位都姓苏，史称"三苏"，即北宋的苏洵和他的两个儿子苏轼、苏辙。两个小苏自小贪玩，不喜读书。苏爸爸打也打过，骂也骂过，劝也劝过，就是没见到什么效果。苏爸爸想，还有什么办法呢？后来他终于想出来了。当两个儿子在玩耍时，苏爸爸就躲在一个他们看得见的角落看书。两兄弟好奇，跑过来看老爸偷偷摸摸在干什么。苏洵就故意神秘兮兮地把书藏起来。两个孩子就好奇了，什么好东西不给我们看啊？在强烈的好奇心驱使下，小哥俩趁父亲不在家时，把书"偷"出来，躲在外面读起来。就这样，小哥俩很快就读出了滋味，兴趣大增，学问大长，青出于蓝而胜于蓝，终于成就了一个文学世家。

乐趣第一，知识第二

很多家长为了孩子有好的学习成绩，特别着急督促孩子的学习。其实没有必要，如果孩子学习成绩的增长超过了他的学习兴趣的增长，结果就会翻转。所以，永远要保持学习兴趣的增长高于学习成绩的增长。

我在珠海的时候，专门研究过一个案例。

有一个老师，她不是教小提琴教得最好的，或者说，在全部的小提琴老师里面，她的小提琴水平算中下。但是，她教出来的学生成绩都特别好。这就跟很多家长朋友文化水平并不高，但是教出来的孩子特别爱学习是一样的。为什么会是这样呢？

我们发现，别人教小提琴是这样：同学，你过来，这弓法，这指法，我来教你，来拉 3（咪）、7（唏）、拉 4（发）、5（嗦），每天要拉一百遍。小孩子拉来拉去，就会说："我特别讨厌小提琴，一见到小提琴就恶心。"为什么会这样？没了乐趣。

那么这位老师是怎样教的呢？小孩子来的时候，她告诉小孩子，你就站在旁边看，不许碰小提琴。可小孩子哪能那么老实啊，一会儿就拿起小提琴来摸摸看看，然后放下，观摩别人是怎么拉的。老师禁止了。来了好几天了，老师都不让拉，这样孩子的好奇心被吊起，兴趣就高，对老师说："老师，让我们拉一拉吧？"老师说："行吧，就15分钟。"15分钟到了，孩子正在兴头上，老师又不让拉了。

其他的老师每次上完课都会告诉孩子，回家一定要做作业，要练习。这个老师不同，她告诉孩子们，晚上回家不要做作业，你只要躺在床上的时候用想象拉小提琴就好了。你能用心听到那个声音，能看到拉小提琴的自己就行了。

第二天，老师叫几个人一起拉，发现有一个小孩子拉得特别好，就对他说："你拉得特别好，是不是昨晚回家偷着自己练了？"这个孩子确实自己回去偷着练了，但是怕老师说他不听话，于是就说"我没练"。老师又问："你真没练？""真的没练。""真的没练那你就是天才啊，拉得这么好。"这个孩子可高兴了，觉得自己真的是个天才了。结果怎么着？所有的孩子回家都开始偷着练了，孩子们的学习兴趣也特别高，考级质量也特别好。

孩子为什么不喜欢做功课？因为做功课本身就是一项工作，当孩子把作业当成了工作，乐趣就没了。不仅是孩子，大人也一样。整天为工作忙得焦头烂额时，你的乐趣也没有了。道理就是这样：别人逼你用功，用功就是惩罚；自己执意要学，学习就是乐趣。乐趣的增长要大于知识的增长。大到多少为宜？我多年来做企业辅导的经验是100：80，乐趣增长是100，知识增长是80，始终把握这样一个度，学习兴趣的增长超过学习成绩的增长，学习者才会快乐。这个老师教小提琴的方法很值得我们家长去研究。

减压第一，加压第二

很多父母望子成龙，心情急切，认为压力就是动力，因此不断加大目标，以为大目标会有更大的动力。其实，压力在限度内可能是动力，压一压，动一动，但是超过了限度，万吨压力下来，孩子反倒一动不动了。

一位钟表匠造出了一只钟表，对它说："你必须勤奋地工作，一年要摆 3200 万次。"那只钟表听了，立刻大哭："3200 万次，什么时候才能完

成，打死我也做不下来。"第二位钟表匠也造出了一只表，他对钟表说："你去玩吧，只要记得每秒钟摆一下就行了。"

一年后，第一只钟表早已经停止了摆动，而第二只钟表却轻松地摆完了 3200 万次。聪明的家长们，研究一下两位钟表匠吧，少用大目标去加压，多用小目标去调压。

故事里是这样，现实里也是这样。

1796 年，德国哥廷根大学的一位老师给学生留了三道作业题，其中一道是，用一把圆规和一

把没有刻度的尺子，做出正十七边形。一个学生回家后，满怀信心地沉入到解题的思路中……天亮时分，他终于把这道题解出来了。但他还是感到有一些内疚和自责，认为自己辜负了老师的栽培，一道题竟然做了几个小时。

然而，当他把作业交给老师的时候，老师惊呼："阿基米德和牛顿都没有算出来，你算出来了！"

这个学生就是德国数学王子高斯。如果老师事先对学生们说："这道题阿基米德和牛顿都没有算出来，看看你们谁能算出来。"很可能高斯就算不出来了。这说明，当一个孩子的能量能够在无压力的情境下释放出来的时候，他们的潜力是无限的。

有些家长说了，我的孩子不是高斯，差得太远了，希望太小了。那我要问你，差得有多远？希望有多少？假如只有 5% 的希望，你如果做对了，也可能会化为 100% 的现实。

········· ❀ ····················

1984 年，东京国际马拉松赛，山田本一意外地夺得了世界冠军。当时记者采访他时，山田惊爆："我不是用腿来跑的，而是用脑袋来跑的。"当时，山田的话遭到大家的耻笑，报纸、电台对他的报道均是负面的。山田遭受羞辱后，并没有放弃，两年后的米兰国际马拉松赛上，他再次获得冠军。当记者采访他时，山田仍旧回答："我不是用腿来跑的，我是用脑袋来跑的。"媒体界又是一片轰动。

　　山田后来对这句话进行了解释，原来他是将40公里的马拉松赛划分成了几段，并为每一段设立了目标，第一个小目标是跑到5000米外的红房子处，要跑到前3名以内；第二个小目标是跑到10000米外的加油站处，要跑到前5名以内；跑到20公里时，要最大限度地缓解体力和压力，积蓄能量，此时只要将名次保持在前10名以内即可；接下来的10公里，争取跑进前5名；再接下来的5公里，争取跑进前3名；最后的5公里，就是冲刺争第一的阶段。这样分解下来，40公里的马拉松就不再是遥远的梦想，而是即时收获每一阶段的乐趣。

　　无论多么宏大的目标，只要切分成一个个可以企及的小目标，实现的概率就会高出许多。亲爱的父母朋友，帮助你的孩子找到他的红房子，找到他的加油站，让即时的乐趣引爆持续的动力，孩子一定可以把 5% 的希望化为 100% 的现实。

08

戒除网瘾，妙在“热线”切换

爱玩是孩子的天性，一天到晚都被安排满了作业，他
们的天性总会找到宣泄口，不玩这个，就玩那个，与
其给他戒除的痛苦，不如给他改换的快乐。

当今在孩子们中间流行一句话，叫作"一网情深"。许多小家伙一上网就上瘾。不上网就会焦虑不安、心情烦躁，严重的还有恶心、失眠等身体反应。这时候，人已经处于病态了，患上的是网络成瘾综合征，简单来说，就是网瘾。网瘾是一种很甜的毒药，很难戒掉。美国、日本、中国的统计数据显示，有网瘾的人数占到网民总数的 10% 以上，网瘾已经成为全球"时代病"。一般情况下，沉迷于网络世界的孩子，自己往往发现不了问题。如果父母禁止儿女上网，基本上很难起到作用。

2010年1月1日，在天津市的一个普通家庭，佟顺英跟往常一样，凌晨4点起床，和面，烙烧饼，外出摆摊卖烧饼。没有工作的佟顺英，就靠卖早点供孩子上学、供房子还贷款。这一天，她收摊儿回来，发现儿子不见了。"兔崽子，肯定又是跑到网吧去了。"于是，佟顺英就到了附近一家网吧，在那里找到了儿子，并把儿子从网吧拽回了家。

做饭的时候，她就一边做一边数落孩子："你看我，一天多不容易啊，挣钱还不都是为了你，你怎么这么不听话，还去网吧！"儿子听了就不耐烦了，他看到在露天阳台上的小狗，一把冲过去抱住小狗，对母亲说："你再说，我就把小狗扔下去。"佟顺英也急了："你也别扔了，我下去吧。你总上网吧，那么不听话，我死了算了。"说着，就朝着露天阳台跑过去。这时候，孩子说："妈，我错了。"可惜已经晚了，佟顺英已经跨到露台的栏杆外，从四楼跳了下去。

这位母亲被送到医院后，说的第一句话还是自己的孩子："天天说他不听，不吃早餐，饿着肚子也要上网吧，瘾头就这么大，一转身就溜进网吧，每次找他铁定在那。其实，网吧并不可怕，可怕的是网络游戏。"孩子的父亲也说："自从孩子迷上了网络游戏，便深陷其中不能自拔。玩网络游戏，抢大刀砍僵尸什么的。早上给他吃早餐的钱，他都舍不得吃，偷偷省着，省下五毛一块的，都送到网吧去了。有时候，早上5点多，天都没亮就去了，甚至瞒着我们说是去学校训练。"

可怜天下父母心。这个母亲为了唤醒沉迷网络游戏的儿子，选择了跳楼。真的没有别的办法了吗？我在这里可以负责任地说，办法是有的，只是没有人告诉过她。如果她知道了，这样的悲剧就可能不会发生，这也是我写这本书的初衷。

网瘾是什么？其实是一种依赖症，是意志薄弱的表现。网瘾的形成机理，跟烟瘾、酒瘾、赌瘾、毒瘾是一样的，同样是一个由条件反射形成的习惯化的过程。依赖成习，上瘾成性。可是，上瘾容易脱瘾难。有网瘾的孩子依赖网络世界，一是因为网络世界很精彩，现实世界很无聊；二是因为他抵挡不住诱惑。

其实，不仅是孩子，就连已过不惑之年的人面对网络游戏的诱惑，也很难抵挡。好几年前，山东潍坊的一个高校老师痴迷"开心农场"，潜心种地偷菜，一发不可收拾。痴迷到什么地步？他专门打印了一些表格，上面罗列着菜熟的时间，还定了闹钟，不管白天黑夜，到点就上网收菜。有时候，凌晨两三点了，他还披着被子坐在电脑前，就是为了收自己的菜，偷别人的菜。网络生活过得有滋有味，现实生活却是一塌糊涂。结果，妻子气得点火烧家，要跟丈夫"同归于尽"。

那么，面对诱惑该怎么办？

第一个办法：外力控制

《荷马史诗》里记载了一个故事，"英雄尤利西斯"：海妖美女塞壬有着天籁般的歌声，在航船经过时，船夫们听到歌声便把持不住自己，导致触礁身亡。英雄尤利西斯为了抵挡塞壬的歌声诱惑，避免触礁身亡的命运，让同伴把自己捆绑在桅杆上，命令大家用蜡封住耳朵。即便如此，尤利西斯在听到塞壬销魂的歌声时，仍然把持不住自己，拼命挣脱绳索，想要奔向诱惑。按照事先的约定，船员们把他绑得更加结实，并奋力划桨。最终，他们躲过了诱惑背后的凶险。

这则故事给我们的启示是，即使是英雄，也无法完全依靠意志力来抵制诱惑。网络游戏的诱惑就好比女妖塞壬的诱惑。在强大的诱惑面前，孩子们的意志力未必能够超越英雄尤利西斯的，他们很难把持住自己，保证自己不受迷惑。很多孩子就像是冥冥之中受到某种召唤，追随"女妖塞壬"走进了迷幻的网络世界。在虚拟的世界中，孩子上网成瘾，不能自控，伤害身体，影响学习。这个时候，戒掉是很难的。所以，孩子还小的时候，父母就要画出一条红线，就像马路上的双实线、电路的高压线，警示孩子不能逾越。可能有家长会说，21世纪是网络时代，网游这东西是阻止不了的。是啊，既然阻止不了，不如在他还没玩的时候家长就开始引导。

我在北大的一个同事是这样做的：他在孩子还小的时候，就主动领着孩子去打游戏机。结果孩子玩得很起劲。这个时候，他就开始跟孩子谈判了，他说："我们买 100 个游戏币，玩完就回家。"小孩说："不行，要买 200 个。"父子俩经过讨价还价，最后买了 120 个游戏币。并且约好，打完了这些游戏币就回家。

结果，孩子打得很过瘾，打完了 120 个游戏币后就抱着他的腿说："爸爸，再买点，再买点。"他就告诉孩子，可以再买，但是今天买了，以后就不能来了。如果今天不买，那明天还可以带你来玩。孩子想了想，克制住了想继续玩的冲动。然后父子俩第二天还来，第三天还来……

同事通过这种方式增加了孩子的自控力。决定好的事情，到时候一喊停，孩子就能立刻停下来。后来，有一次孩子居然剩下了好几十个游戏币，并对他说："爸爸，咱不玩了，其实没啥意思。"再后来，这个孩子对网游的渴望和冲动就淡薄了很多。

　　同事的这个方法很有实用价值。不是不让孩子开车，而是我让你开，但是你必须在我的掌控范围内，在有大人监控的条件下，培养孩子的自控能力。家长对孩子喜欢做的事要有条件开放，而不让孩子偷着去做。因为在现实社会中，你越防范，孩子越容易因为好奇心去尝试而成瘾。所以，从孩子开始接触网游时，家长就主动让他去尝试，并在一旁给予引导，这样就给了他一个增强免疫力的机会，从而不断提升他的免疫能力。

这就好比"黄石公园救火"的办法。黄石公园每隔几年就会主动放一点火。因为开始的时候消防员都把重点放在救火上，后来人们发现，易燃的物质逐渐积累起来后，很容易发生难以控制的大火。如果在消防人员的控制下，在易燃物质还没有积累到一定程度时，主动放一把火烧一烧，这样当意外起火的时候，曾经烧过的地方就不会过火或者火势很小了。

所以，在孩子没有接触网络的时候，你可以参考这个"双实线 + 消防员"的方法。

如果孩子"过线"了呢？我们看到有些家长是这样做的：为了帮孩子纠正过来，他们断网线、断资金，限制子女上网，日防夜防，结果防不胜防。因为，我们总不能像那些船员一样把孩子绑住，不让他去网吧啊。而且绑得住孩子的身，绑不住孩子的心啊。万一外力控制不了怎么办？

第二个办法：令其生厌

有一位聪明的父亲是这样做的：儿子迷上了玩游戏机，他为了玩游戏机，一开始是骗钱，借口说学校要缴费，后来竟然学会了偷钱。这位父亲很疑惑，游戏机就那么好玩吗？后来去看了，发现游戏设计得非常好，就连大人也很难抵制诱惑。游戏的难度一关比一关高，一关比一关有挑战，每过一关就让孩子很有成就感。

于是，这位父亲也开始玩游戏，一段时间后就练成了高手。这时他便向儿子下挑战书，结果把儿子打败了。儿子没想到，老爸玩的时间比自己短，竟然把自己打得一败涂地。这个时候，父亲就说："就你这样还打游戏机啊。想玩好游戏，你得好好念书，没知识，玩不出高水平的！"孩子一次不服，那就两次、三次……结果每次孩子都被打败了。慢慢地孩子就开始躲着老爸了，再听到老爸说"儿子，来来来，我们来打一局"，他扭头就跑："不打了。"

就这样，这位聪明的父亲挫败了儿子玩游戏的积极性，让他一玩就不舒服，用他儿子的话来说："看到游戏就想吐。"

这一招有一定的技术难度，也有相当的风险。那还有什么别的好办法吗？

第三个办法：热线切换

你有留心过吗？有些人把"国骂"当作口头禅，其实他们不是在骂人，只是在说话的时候，想说的话一时没说出口，就用个词来衔接，顺便就把"妈"给捎带上了。

有一个孩子就有了这样的一个口头禅，而他的家长采取了这样的办法：说一个"国骂"，就打一个耳光。结果把孩子打得口吃了，还是没有戒掉"国骂"。后来，我就告诉那个孩子："你说话思路跟不上的时候，就说个连接词'接下来'，比方说'暑假学校要我们参加夏令营，接下来我该怎么办呢？''接下来爸爸给个意见吧。'"效果很好，"国骂"不见了，被"接下来"替换了。

对付"瘾"也是这个理，戒断不如替换。比如，在网上种菜，不如到农村或蔬菜大棚去种，还能观察学习植物的生长规律；在网络中翻山越岭、打怪升级，不如到户外去挑战高峰、森林探险；喜欢在网上格斗、射击之类的项目，不如来个现实版的体验，去学习柔道、跆拳道、武术、射击等。总之，热线切换，要培养别的兴趣爱好。正如一位哲学家所说："要想使荒地上不长杂草，最好的办法就是在荒地上种上庄稼。"

一位家长朋友对此颇有心得。他的儿子上初中一年级时，不知道什么时候，孩子玩起了网络游戏，更可怕的是结交了几个要好的"网友"。他给孩子断过网线、断过资金，但基本上没起什么效果。一个偶然的机会，他带儿子到湖边去玩，发现儿子对水鸟特别感兴趣。于是，在儿子生日那一天，他送给儿子两样礼物，一本《中国鸟类图鉴》

的图书、一架 10 倍的双筒望远镜，并约定每个星期天都陪儿子去观鸟。儿子特别开心。

后来，每个周末，他们都去湖边，看着鸟群像彩色的云朵飞翔在镜子般的湖面上，美不胜收。儿子拿着望远镜兴奋不已："这是白鹳、黑鹳，那是中华秋沙鸭……都是国家一级保护鸟类呢。"这位朋友趁热打铁，又给儿子添加了新的装备——迷彩服和照相机。整个暑假，他和儿子一起去深圳、湖南、贵州，"偷拍"各种鸟类的舞姿。通过观鸟，孩子更喜欢大自然了，身体更健壮了，父子关系也更亲密了。

儿子回来后把那些漂亮的照片发给网友看，小家伙们惊叹不已："哇！还有比'魔兽世界'更好玩的东西耶。"过了不久，那几个"网友"也变成了"鸟友"，这位家长便成了"鸟友"团的总顾问。

　　爱玩是孩子的天性，一天到晚都安排满了作业，他们的天性总会找到别的宣泄口，不玩这个，就玩那个，与其给他戒除的痛苦，不如给他改换的快乐。网游是一种玩法，旅游是一种玩法，观鸟也是一种玩法。聪明的父母不是简单阻止，而是要学会切换——换一种更有益、更有趣的玩法。对付网瘾要记住 16 字诀：早做防范、画好红线、心生讨厌、热线切换。

09

远离自杀，早早接种"疫苗"

孩子自杀有各种原因，但是我们发现，那些内心充满阳光的孩子不会走到这条绝路上。自杀的孩子的内心大都是幽暗的，因此我们只需打开孩子的心窗，让七彩的阳光照进来，就可以由柳暗变为花明。

本想孩子大了，父母可以省省心了，可是外面发生的许多事情，让父母刚刚放下的心又悬了起来。2010年，富士康 12 名员工连续跳楼自杀，轰动了全国。2011 年 7 月，中国音乐学院附中 8 名学生相约集体自杀，又让家长们心惊肉跳。越来越多大学生、中学生甚至小学生自杀的消息，像黑色的潮水，冲击着家长们脆弱的神经，生怕下一波悲剧发生在自己孩子身上。这些事情真的离我们不远。北京大学儿童青少年卫生研究所公布的《中学生自杀现象调查分析报告》显示：有 20.4% 的中学生曾经考虑过自杀，也就是每 5 个孩子中就有 1 个动过自杀的念头。这些处在美好花季的孩子们怎么了？为什么会选择自杀呢？

有人说，因为功课压力过大；有人说，因为心理素质太差。换言之，如果外在的压力再小一点，如果内在的素质再好一点，自杀问题就可以解决了。真的是这样吗？

首先说给孩子减压。在现行的教育制度下，学校做不到，家长更做不到。深圳的一个家长曾跟我说，从孩子初一开始就给他减负，结果孩子在学业竞争中由上游滑到了下游，没有考上理想的高中，最后要上好的学校光择校费就多花了 15 万元。再说增强学生心理素质。在自杀这种极强的"病毒"的传染下，大人尚且难以自保，更何况心理不成熟的孩子。如果我们纠结在这两个问题上，那自杀就会愈演愈烈，无法避免了。

难题之所以成为难题，是因为没有找到解决问题的办法。让我们暂且放下这颗焦虑的心，找更具智慧的解决办法。在人类历史上，曾经有过许多无法抗拒的可怕疾病，其中有一种叫作天花。它的传染性极强、死亡率极高，肆虐横扫欧亚和美洲大陆。在医疗不发达的时代，大多数人在一生的某个时候都会染上此病。天花毒性之烈，足以使 1/4 的患者丧生，就连贵为天子的清代皇帝同治，也是因为患了天花不治而亡。纵有幸存者，其中也有相当一部分会变成瞎子、疯子或一脸疤痕的麻子。

可是，这种可怕的疾病目前已经在全世界绝迹了。1980 年世界卫生组织宣布，天花在全球被消灭。那么，是因为这种病毒减弱了吗？是因为全人类的身体素质提升了吗？都不是。而是找到了新的方法。在 200 多年前，伟大的英国医生爱华德·琴纳，通过 8 年的实验，历经治疗到预防，终于找到了接种牛痘可以预防天花的方法，这就是现在为全人类造福的免疫疗法。

到现在，曾经威胁人类生命安全的许多疾病，比如结核性脑膜炎、流行性脑膜炎、破伤风和乙肝，都用免疫疗法得到了根本性的解决。在我们和我们的孩子享受着各种疫苗带来的好处时，我们有没有想过，自杀也是一种病，而且是一种恶性传染病？既然答案是肯定的，那我们为什么不能有一种心理疫苗，来解决自杀对孩子们的威胁呢？

可喜的是，我们看到许多家长已经找到了这种方法，那就是为孩子植入阳光疫苗。孩子自杀有各种原因，但是我们发现，那些内心充满阳光的孩子不会走到这条绝路上。自杀的孩子的内心大都是幽暗的，因此我们只需打开孩子的心窗，让七彩的阳光照进来，就可以由柳暗变为花明。

亲爱的父母朋友，要让孩子远离自杀，同样需要赤橙黄绿青蓝紫的七彩阳光。为了大家记忆上的方便，我们把七彩阳光归为四组，即梦想与信仰、真爱与社交、自由与乐观、激情。

第一道和第二道色彩：梦想与信仰

没有信念就有生的绝望，没有梦想就有死的欲望。德国哲学家叔本华说得再明白不过了："当一个人对生存的恐惧大于对死亡的恐惧时，他就会选择自杀。"因此，我们要杜绝自杀，不是要解决表面问题，而是要让产生问题的原因不存在。

中共"十五大"代表、上海市闸北第八中学校长刘京海，曾与著名劳动模范徐虎有过一段不寻常的交谈。刘京海对徐虎说："你之所以被大家敬佩，除了你为人民服务之外，更重要的是你可能什么梦都没有实现，可你还在做梦！还在奋斗！人有 100 个梦，可以说 99 个是不能实现的。很多人是 99 个梦实现不了，就开始天天在家打麻将，可你徐虎不打麻将，还在做梦。所以你成了徐虎！

"每一个人都有梦想，每一个民族也有梦想。有梦想的民族才是有希望的。可是，现在人们太功利了，只知道挣钱享受，很多孩子已经没有梦了。当然，没有梦的人是要死的，有梦的人终归也会死。但有梦的人会幸福得多，因为有梦就有追求就会去干，没梦怎么干呢？所以，我觉得，让每个人都有梦，可能是教育最核心的任务！"

人总要有梦想，一个有梦想的孩子不会自杀。富士康的那些员工为什么选择轻生？浅层次的原因在于劳资关系，深层次的原因在于没有梦想。没有梦想的人，生活就像冷清的戈壁，没有了生机；没有梦想的人，生活就像漆黑的夜晚，没有了光明。

失去了梦想，人就容易滋生厌世之心。相反，种植了梦想，人就会有前进的动力。请我做咨询的一家企业，在2008年经济危机期间，其他企业都闹民工荒，这家企业却有两三千人来应聘，为什么？因为在这家企业的两万名员工中，出了一个全国人大代表。

在这里的其他人看得到的梦想是，在这里努力工作，即便你是个农民工，你也可以像那位员工一样，成为总理称赞的全国人大代表。是的，这正是我想要告诉大家的，拥有梦想，即使再贫苦的人，内心世界也是富有的。

想让孩子成为拥有梦想的人需要三个步骤，即帮孩子找到榜样，让孩子模仿榜样，让孩子成为榜样。孩子想成为科学家，你要帮他选择，是做诺贝尔还是成为居里夫人？孩子想做书法家，你可以让他临摹启功；孩子想成为演员，你可以让他学习周星驰……

如果说梦想是一个人对生活的期盼，那么信仰就是他的精神依托。与梦想相比，信仰对一个人的行为引导作用更大。我问过一些父母："你跟孩子谈过梦想吗？""谈过。""那你跟孩子谈过信仰吗？""基本不谈。"然而我们看到，一个缺失信仰的人往往容易迷失，尤其是对生命的迷失。

当年的"马加爵事件"轰动了全国，为什么一个接受了高等教育的大学生，却如此轻视生命的存在呢？从马加爵跟他的姐姐所说的话中可以发现问题。他说："现在我对你讲一次真心话，我这人最大的问题就出在我不知道人生的意义到底是为了什么上。"活着到底是为了什么？这个问题只能用信仰来作答。没有信仰支撑的人，最容易忽视生命的价值。

自残生命是一种冷酷的行为。在尊重生命这一点上，江苏启东中学钱宏达副校长在推荐《进入成人世界的 9 个密码》时这样说："从尊重生命存在，珍视生命价值的观念出发来审视我们对孩子的教育，我认为，家长应该对传统的家庭教育进行重新设计和塑造，要引导孩子关注生命的价值，鼓励孩子主动探索生命的意义。有了生命教育的渗透，孩子一定会少一份无动于衷、事不关己的漠然心态，多一份热情活力和关爱，一定会活出意义，活得快乐。"在对孩子的

教育过程中，除了灌输文化的教育，还要完善信仰的
教育。

第三道和第四道色彩：真爱与社交

爱有层次，爱有真伪。孩子心中有天使，孩子心中
也有魔鬼。真爱的父母在呼唤天使，错爱的父母在呼
唤魔鬼。要想让孩子充满阳光，那家长就别用苛刻来
写脚本。很多时候，父母爱孩子，却说出"你给我丢
人，爹妈的脸都让你给丢尽了"的伤人之话。

有的家长可能说"我对孩子很好"。天下的父母哪
个不是这样想啊？但问题是孩子认为你对他好吗？你
对孩子好的根本标准是孩子的感觉，而非你的感觉。
所以，当你为孩子做事的时候，当你为孩子付出的时
候，当你真爱孩子的时候，你始终要问自己"孩子感

觉好吗？"孩子感觉好，才是真的好。如果孩子不曾感受到爱，那么他心中的魔鬼就会出现。

其实，不管孩子在外面受了怎样的委屈和欺负，回到家里，父母一句简单的安慰，哪怕只是一句最简单的"你怎么了"，都有可能成为孩子的救命药。有调查发现，多数自杀者在自杀之前都会流露出悲观厌世的情绪，他们很有可能向好友或亲人倾诉内心的痛苦，这个时候，如果发现及时并给予安抚，很多自杀是可以避免的。调查同时发现，一般自杀的人都是性格内向的人，他们有了烦恼却没有朋友倾诉。

有一位企业家告诉我，他弟弟从小就性格内向、胆小怕事，根本不会处理人际关系。都四十好几的人了，遇到什么问题，都是找他这个大哥出面解决。有一次他弟弟半夜给他打电话，说发现孩子性格很封闭，就看了他的日记，那上面写着想自杀，他问大哥怎么办。其实，孩子需要社交，大人也需要。如果你的社交不及格，你是一个带菌者，你不发病，因为你的抵抗力强，你有责任在身上。但是，你的影子映射到孩子身上，孩子可能就会发病了。

美国著名成功学家安东尼·罗宾，他在对 2000 多人进行了长达 10 年的跟踪研究后，最后得出一个惊人的结论：一个人的成就大小，往往和他拥有的支持者、帮助者的数目成正比。影响人生成功的最重要的因素不是人的才华、家庭背景等，而是人的社会关系。一个人在走向社会的时候，良好的人际关系将是他走向成功的最大资本。我们的孩子也一样，他需要有社交的能力，需要有自己的圈子和朋友。

第五道色彩和第六道色彩：自由与乐观

孩子长大了，可是他自己说了不算，什么都要请示，没有自由，这让他感到窒息。

. . . . 🍃 . . . .

广州有一个自称"绝望的钢琴手"的孩子给我来信，他对我说，他有一个从来没对别人说过的秘密，在他的床底下有一个袋子，里面装着一封信，也就是遗书。他的那个死亡计划，他策划了很久，也推迟了很多次。但他说："那一天总会来的，到我再也无法忍耐的时候。我能想象，如果他们突然接到电话，他们那个将会成为钢琴家的儿子死了，并且是因为讨厌钢琴，他们会有多伤心。可是，如果我不得不用死亡来结束那永远都没可能实现的、令人绝望得发狂的梦想，我也只能这样选择了。"

为什么明知父母会伤心，这个孩子还悄悄地策划死亡？在信中他这样写道："就算你很喜欢一样东西，可当你的生活已经被它塞得满满的，装不下任何其他东西时，你还会不会喜欢它呢？

"每天练十几个小时的琴，我计算不出，我的人生究竟被钢琴剥夺了多少快乐！我讨厌钢琴，真的！！"

为了自由故，生命皆可抛。这是非常可悲的。让孩子快乐，别用强迫写脚本。你走过的桥比孩子走过的路多，你吃过的盐比孩子吃的米多，但是，你敢保证你的做事方式就是完美的吗？真的没有必要强迫孩子按你的方式做事。每个人都需要自由的空间。尊重孩子，给孩子自主选择权、决定权，别让孩子为了自由，舍弃了宝贵的生命。

有些父母说："给孩子点自由他就给我惹事，孩子不盯着不行，不给他脸色看不行。"其实，对于生活，幽它一默又如何？有一家李宁运动产品专卖店，因为位置不好，销售额一直不高。在世界杯足球赛期间，这家专卖店的小老板就在门口打了一条横幅，上面写着"一切皆有可能（国足除外）"。路过的人一看，都会心一笑。结果因此吸引了不少人来消费，营业额一下子就提高了。生活不能太严肃，需要一点幽默感。

　　在家庭中，我们也经常可以看到两类妈妈。比如，孩子吃蛋糕，弄得嘴角都是奶油。严肃的妈妈板着脸，大声喝道："怎么不注意一点，你看，吃相这么不好，赶快擦掉！"孩子就是不擦。妈妈来气了，就说"下次不给你吃了"。幽默的妈妈则说："哇，都成狗脸了，我再给你画个猫脸吧。"说着把剩下的奶油都抹在了孩子脸上，然后说："去，照镜子看看。"结果孩子看了大笑不止，"像个小丑哦"，并反手给妈妈画了一个白胡子："哈哈，你是圣诞老人！"这一刻，画鬼脸的快乐远远超过了吃蛋糕的快乐。直到长大后，他每次想起来都会笑个不停。

你看，严肃的人，整天板着脸，让人产生距离感；幽默的人，轻松愉快，让人乐意亲近。一个人的生活态度，不仅跟人际关系有关，对身心健康也有影响。研究发现，一个人绷着脸需要用到 60 条肌肉，但是笑的时候只需要用到 14 条肌肉。很多时候，将他一军不如幽他一默。

第七道色彩：激情

香港著名演员周星驰，从五年级辍学后，做了几年的杂工；两次报考电视台的艺员训练班，两次失利，而好友梁朝伟却一举榜上有名；在朋友的推荐下，周星驰进入了训练班。从训练班毕业后，虽然周星驰很想演戏，却被分到了儿童栏目担任主持人，而且播出的时间是冷门时段。其间，曾有报道给周星驰下定论：他不适合在演艺圈发展，只适合做儿童节目主持人。后来，好不容易当上演员了，面临的却是8年"跑龙套"的命运，在多部连续剧中担任临时演员，没有名字，没有台词，没有表情，有些角色一出场就死掉。跟导演谈演技的问题，却遭到在场所有人的哄堂大笑。一次又一次被打击，难道周星驰不觉得苦吗？周星驰为什么没有自杀？

有一种抗体叫激情。周星驰一直坚定信念："我最终的目标是当一个演员、一个导演、一个电影人。"于是，打击变成干柴，激情变成烈火。打基础，练内功，钻研演技，从配角演到主角，如今，周星驰的身份已不单单是一名演员，还是导演、编剧及电影制作人，身价不菲。亲爱的父母朋友，给你的孩子注入激情抗体吧。这次不绝望，以后就有希望；今天不放弃，日后必成大器。

其实，那些早逝的孩子是可怜的，他们从未打开过心灵的天窗，生命之花从来就没有绽放。亲爱的父母朋友，听听孩子的心声吧。孩子的心，最渴望的就是阳光，正像苏联诗人巴尔蒙特的那一句诗中所说的："为了看阳光，我来到这世上。"这就是孩子们的心声啊！做一个智慧父母，你必须了解心理免疫学的知识，你必须知道，有一种心态叫健康，有一种疫苗叫阳光。

父母朋友们，你如果不知道怎么接种阳光疫苗，告诉你一个最简单的办法，就是和孩子一起读一些充满阳光的好文章。比如，台湾作家张晓风散文《我喜欢》，我把其中的一小段先和大家分享：

・・・

　　我喜欢活着，生命是如此地充满了愉悦。

　　我喜欢冬天的阳光，在迷茫的晨雾中展开。我喜欢那份宁静淡远，我喜欢那没有喧哗的光和热……

　　我喜欢夏日的永昼，我喜欢在多风的黄昏独坐在傍山的阳台上。小山谷里的稻浪推涌，美好的稻香翻腾着。慢慢地，绚丽的云霞被浣净了，柔和的晚星遂——就位……

　　我喜欢家，我从来还不知道自己会这样喜欢家。每当我从外面回来，一眼看到那窄窄的红门，我就觉得快乐而自豪，我有一个家多么奇妙！……

　　我也喜欢独自想象老去的日子，那时候必是很美的。就好像夕晖满天的景象一样。那时再没有什么可争夺的、可流连的。一切都淡了，都远了，都漠然无介于心了。那时候智慧深邃明澈，爱情渐渐醇化，生命也开始慢慢蜕变，好进入另一个安静美丽的世界……

我喜欢，我喜欢，这一切我都深深地喜欢！我喜欢能在我心里充满着这样多的喜欢！

· · ·

10

防范早恋，须知"水到渠成"

一个人要正确看待一件事，首先要对事情有一个客观的认识。关于早恋，它和网瘾不同，也和厌学不同，它不是沦落，更不是罪恶，它只不过是荷尔蒙分泌惹的祸。

眼看着孩子一天天长大，我们满心喜悦地看着小家伙的身体在发育，情感也在发育，不知不觉就到了情窦初开的年龄。男孩女孩之间一旦有了那层说不清道不明的东西，你就会发现，一向听话的宝贝儿，在这类事情上会变得相当叛逆，让你觉得不可理喻。是啊，感情往往就是不可理喻的，甚至是疯狂的。

在读《贤愚经》时，我读到一个故事。

大光明国国王得到一头非常漂亮的白象，他非

常喜欢，于是请了一个有名的师傅来驯象。经过一段时间，白象果然被调教得服服帖帖，驯象师便请国王来试骑。

国王骑在白象背上，白象非常听话，步伐也相当平稳。不料，当白象走到城外一个莲花池边的时候，看到一头母象在散步。这头白公象情欲突发，忽然间丧失了理智，不管背上坐着的是谁，就朝着那头母象狂奔过去，并追到了深山里面。这突如其来的变故，差点要了国王的命，他被沿途的树枝撕扯得头破血流，好在途中他急中生智抓住了树枝，离开象背，这才保住了性命。

遭此一劫，国王大发雷霆，要把驯象师斩首，驯象师大呼冤枉。国王问他冤在哪里，他说："我可以驯服的，是象的行为，我改变不了的，是象的天性。大王不信，三日后再请定夺。"

三天之后，白象果然自己回来了，驯象师拿出七个烧红的铁丸，白象一个一个乖乖地吞下，痛苦死去。国王看了，不由长叹："猛象可伏，情欲不可伏也。"

俗话说，花有五颜六色，人有七情六欲。白象一情一欲尚且如此，人有七情六欲又会如何？读歌德的《少年维特之烦恼》，好多人都记住了那一句："青年男子谁个不善钟情？妙龄女子谁个不善怀春？这是我们人性中之至圣至神。"正因为如此，很多父母一听说孩子有了异性的朋友，就如临大敌，紧张得不得了。大多数父母认为，孩子在读书的年龄段，谈恋爱就是不务正业，就是问题青年。他们将早恋视作火灾来袭，拿出高压龙头。可是结果又怎么样呢？

    2010 年 12 月 15 日凌晨 4 点 30 分左右，山东省潍坊市一个中学的两名高二学生，因为早恋遭到双方家长的反对，双双留下遗书，从楼顶跳下殉情，结果一死一伤。可以想象，这给两个家庭造成了多么大的创伤。

    其实，这两个高二的学生，在同学的眼里，他们是在谈恋爱，但并不是问题青年。平时，他们经常跟其他同学在一起学习、一起玩，关系都非常融洽。在老师的眼里，他们也不是坏孩子，而且两个人的学习成绩都非常好。

    那很多父母要问了，反对不行，放纵肯定也不行，我们究竟该怎样看待孩子的早恋呢？

一个人要正确看待一件事，首先要对事情有一个客观的认识。关于早恋，它和网瘾不同，也和厌学不同，它不是沦落，更不是罪恶，它只不过是荷尔蒙分泌惹的祸。其实，父母也是过来人，那个时候的你，不也是"我的眼里只有你"，掉进爱情的陷阱里？见到一个钟情的异性，不也是"红酥手，黄滕酒，满城春色宫墙柳"吗？一旦无奈分别，不也是"春如旧，人空瘦，泪痕红浥鲛绡透"吗？更夸张的是，连幻觉都出现了，"暗香影活动，疑是那人来"。

父母也许会说："我不反对他们恋爱，只是那个孩子对他不合适。"通常情况下，父母对人的感觉是对的。但是，我们也应该知道，在热恋中的男女主角的智商等于零啊，他们根本就发现不了问题，就算发现问题也认为那不成问题。这个时候，父母去干涉儿女，如同阻止有毒瘾的人吸毒一样，基本上不起作用。怎么办？家有儿女初长成，父母智慧就要高一成。

主动引导胜过被动防御

著名演员陈道明夫妇就有这样的经验。在他们的女儿 13 岁时，他们把孩子送到英国读书。半年过后，放暑假了，女儿回国了。妈妈杜宪发现，一直都很黏她的女儿，突然失去了黏性，跟她的交流明显少了，喜欢把自己一个人关在房间里。一天夜里，妈妈无意中看了一眼女儿的电脑，发现女儿正在制作一幅动漫，画面很美，在夜空下，一个女孩子托着腮，坐在窗前，好像在想什么。画面的背景则用粉色的心形连成。直觉告诉她，女儿恋爱了。

妈妈紧张得睡不着，就把这事告诉了爸爸。爸爸一开始也很惊讶，但很快就释然了。他想，女儿大了，这些都是正常的。关键是不能让青春期的这种朦胧感情干扰了学业及心情。于是，夫妻俩决定跟女儿谈一谈。

第二天，陈道明把女儿带到护国寺吃早餐，那是他和妈妈谈恋爱时常去的老地方。在那里，爸爸认真地对女儿说："20 年前，我和你妈妈因为人生的目标、志趣相投，我们觉得彼此是可以托付一生的人，于是走到了一起，共同创建了一个家，还拥有了你。爸爸只想告诉你，你现在还小，思想还不成熟，很难承担得起人生中最美好的爱情所赋予的责任，所以爸爸妈妈希望你能够再过几年没有压力没有忧虑的日子。"女儿一听，心里明白了。她没有想到，父母知道了自己的小秘密，更没有想到，父母会如此用心良苦。于是，问题很快得到了解决。

面对孩子早恋，筑坝不如修渠。理智是堤坝，情感是沟渠。家庭不是法庭，要讲道理，修筑堤坝，更要讲情，修建沟渠。

顺其自然不如防患未然

怎么样防患于未然？不是把孩子反锁在家，不让孩子出去接触异性，应该用潜移默化的方式。在日常生活中，在生活的细节处，在跟孩子相处的点点滴滴中去灌输、引导孩子。既然孩子迟早都会喜欢异性，那不如提前帮他建立一个喜欢的标准。

我在佛山一家企业做咨询顾问的时候，一个副

总裁跟我聊起孩子的教育问题。她儿子是一名大学二年级的学生，在学校"混得"相当不错。她告诉我，她儿子是一个爵士鼓爱好者，敲得一手好鼓，在舞台上相当帅气，也获得不少女孩子的仰慕。但是，她一点都不担心，也不去追问。因为她绝对相信这个小帅哥的"定力"。她是怎么做到的？

她不仅是一个能干的领导，更是一个智慧的母亲。关于孩子谈恋爱这个问题，她的方法我十分认可。她说，无论是生活中的，还是学习上的，甚至包括如何挑选朋友等话题，都是她跟儿子在饭桌上经常聊的。在饭桌上，她跟儿子是平等的，进行的是朋友之间的谈话。表面上看，她跟儿子是在无拘无束地侃大山，但是，她会有意识地引导这些讨论，并且将自己的人生经验滴水无声地传达给孩子。尤其对交友这方面，她很早就给儿子打了"预防针"，她早早地跟儿子讲了择偶的标准，潜移默化让儿子明确自己的定位。如今，这个择偶的标准已经在儿子的心目中有了定位，对自己的人生也有了规划。

一个好的家长就像一个铸造师，不但要知道钢铁是怎样炼成的，还要研究毛坯是怎样铸成的。就像铸造一个标准的零件，首先要做出标准的砂型，然后才将铁水置于砂型之中，浇铸成型。你的孩子是铁水，家长择人处事的标准就是砂型。

有的家长会说，自己上班很忙，孩子住校，那怎么办呢？另外一个聪明的母亲是这样做的：她找来一些适合青春期孩子阅读的文章或书籍，自己先看，看完之后，在空白处写下自己的阅读感想，寄语女儿，然后把这些文章或书籍寄给女儿。比如，她的一份阅读寄语是这样写的：

爱是一种责任，爱是一种能力，孩子，当你还没有能力给对方一个幸福的家的时候，不要轻易表达"我爱你"，因为爱别人是一种神圣的责任。

孩子，真爱是可以等的。如果你真的感觉一个人很美好，那就把握青春，趁年少好好学习，为自己和对方营造一个美好的未来。你认为呢？

我们常说，大禹治水，堵不如疏。早恋也是一样，宜疏不宜堵。但是，在孩子冲破这条底线之前，防的意义可能会远远大于疏，这叫作防胜于疏。父母要做的就是，告诉孩子有些事情是不应该做的，因为法律、因为道德等，给孩子画出一条红线。教给孩子一些交友的基本技巧，给孩子一些与人相处的温馨提示。这个过程，一定是大雨不如小雨。倾盆大雨，雨过地皮干；淅沥小雨，润物细无声。当孩子听懂了，他会有自己的抉择。

防范早恋，选择最恰当的沟通方式

遭遇子女早恋，有些家长情绪激动，动不动就发火、辱骂，甚至大打出手。这只会激起他们的逆反心理。对于确实不便于和不善于面对面沟通的家长来说，不妨试试更有建设性的方式。

有一位父亲就是这样做的，当女儿上高中的时

候，班主任告诉家长，这孩子有早恋的倾向。妈妈不善于言辞，而爸爸对女儿谈恋爱和异性的话题也很难开口，但他采取了非常聪明的做法，他送了女儿一部荣获奥斯卡最佳电影的 DVD——讲述的是一个少女恋爱的故事。16 岁的少女珍妮是一个天资聪颖、天真烂漫的高中生，正在为考取牛津大学努力。但是，当她遇见了风度翩翩的大卫先生，这个涉世不深的女孩子，把持不住自己，一头扎了进去，还做出决定，离开学校嫁做人妇。结果得到了惨痛的教训。

同时，父亲还给女儿写了一封亲笔信，信里写道："我和你妈妈希望我们最亲爱的女儿能够得到人间最美好的感情，但同时希望她不要受到感情的伤害。请记住卢梭在《爱弥儿》中的一段话：大自然希望儿童在长大以前就要像儿童的样子。如果我们打乱了这个次序，我们就会造成一些早熟的果实，它们长得既不丰满，也不甜美，而且很快就会腐烂。在你的感情能力没有成熟的时候，不要一见钟情把它摘下来，那将是苦涩的果实。"

这个女孩看了这部电影和这封信后，一下就明白了父母的苦心，也写了一封回信，表达了对父母的感激之情，并且承诺上大学之前不谈感情，因为早开花的苹果树，在不经意中会错过许多的美丽；太稚嫩的枝条，也无法承受那沉重的感情之果。

亲爱的家长朋友们，也试着给孩子送本书、写封信吧，相信孩子会做出让你满意的回应。

11

移交责任，"菜鸟"才能长成大鸟

我们的孩子也是一只只苍鹰，在适当的时候，应该让他们自己飞。只有让他们经历过磨砺，丰满了羽翼，他们才能长得更强更壮，飞得更高更远。

在早年的东北，有些聪明的猎人会训练猎鹰帮助其打猎。每年临近冬天，鹰把式就上山拉开大网"围鹰"，围到了鹰之后，就会回家不分白天黑夜地"熬鹰"，直到把鹰驯服。其实，在人类驯鹰之前，每只雏鹰都经历过其母更为残酷的训练，在悬崖上的鹰巢里，刚刚长出了羽毛的雏鹰，还没有学会飞翔时，母鹰就会把它带到悬崖的边缘上，将它推下悬崖。雏鹰在坠落的过程中，求生的本能让它扇动翅膀，挣扎着飞了起来。而这一切得益于母亲那"温柔地一推"。

我们的孩子也是一只只苍鹰，在适当的时候，应该让他们自己飞。只有让他们经历过磨砺，丰满了羽翼，他们才能长得更强更壮，飞得更高更远。父母都知道爱孩子，但也许有些父母不知道，"有一种爱叫作放手"。

朋友老高跟我说起他的儿子，一个劲儿地叹气："我这儿子，样子挺像我，高高壮壮的，可性格跟我一点都不像，乖倒是挺乖，学习成绩也不错，就是没点男子汉的气势，都17岁了，到现在放学稍晚一点儿，就不敢自己回来，要他妈妈去接。放暑假了，他奶奶想他，我和他妈都忙，商量着给他买张大巴车票，把他送上车，从广州到深圳，两个小时就到了，让他叔叔在那边接他，结果，这小子愣是走丢了！"

到底咋回事呢？原来，大巴车中途加油，孩子去趟厕所出来就上错车了。老高托公安局的朋友找了一天，把那条线都翻遍了，晚上才在东莞的车站找到他。问他为什么不给家里打电话，他说背包放在原来那辆车上，钱全丢了……

一个大小伙子，没钱就不能想想办法？也可以和公用电话的老板说说，先赊着，家人来了再给钱啊！老高也很郁闷啊，回家以后，好几天都睡不着觉！他说："想想自己 17 岁的时候，早都满世界闯荡了。怎么生了这么个儿子？成天看着公司里的人没用，没想到最没用的竟然是自己的儿子！简直气死我了！"

想想我们这一代，小时候家里什么都没有，要想有出息，就得靠自己摸爬滚打闯出来，父亲那个时候就一句话："走正道，别犯法啊。"然后就让孩子去闯天下了。现在条件好了，许多的父母自己吃了苦，想让孩子少吃苦，什么都给孩子最好的，照顾得无微不至，恨不得孩子要上月亮就立马去找梯子。可是，跟老高一样，很多父母都很困惑：孩子怎么反而没有出息了呢？

问题是你根本就不相信孩子的潜力，你担心没有你，他会不行。而事情恰好相反，很多情况下，你不干涉的话，他成长得比任何时候都快。

在美国纽约，有一个 5 岁的小男孩洛克。有一天，小洛克跟母亲开着小货车经过一条乡间小道。他悠闲地躺在副驾驶座上，脚则舒服地放在母亲的大腿上。没想到路上有个大坑，整辆车滑出路面，向路边冲去，右前轮也突然凹陷。担心车子侧翻，母亲用力踩紧油门，并把方向盘打向左边，想把车子转回到路上来。尽管如此，车子还是没有转回来，反而失去控制，跌跌撞撞落入 7 米多深的峡谷。

小洛克醒过来之后问母亲："妈妈，发生什么事了？车子怎么四脚朝天了？"可是，待他扭头一看，发现母亲满脸是血，一根杆子插进了她的脸，身体上有一段骨头从她的腋下穿出来，而且整个人被扭曲的车门死死压住，动弹不得。

小洛克没有受伤，他从车窗爬了出去，并尝试着将母亲拉出车子，但母亲却一动不动。母亲在昏昏沉沉中轻声说："孩子，让我睡一下吧！"小洛克听了，大声喊叫："妈妈，你要支持住，千万别睡着！"接着，他又钻进了车子里，使劲将母亲推出车子的残骸。他告诉母亲，他要爬到马路上去拦车子求救。意识模糊的母亲担心，孩子还这么小，绝不能让他单独前行。母亲决定忍住疼痛，跟儿子一起慢慢往上爬，小洛克在后面用他瘦小的身子把母亲往上推，一寸一寸地挪动。为了鼓励母亲，小洛克跟母亲讲起了《小火车》的故事，那是母亲经常讲的一个寓言故事。小洛克说："小火车虽然只有小小引擎，却能爬上陡峭的山头。"并且重复故事中提到的"我相信你能做到，我相信你能……"

爬到了路边之后，小洛克看到伤痕累累的母亲，泪流满面，对着驶过的货车，拼命地挥舞着小手，大喊："停下来，请停下来！请带我妈妈到医院。"

母亲获救了，她说："如果不是小洛克，我可能早就因流血过多而死了。"人们也都赞扬这个有胆识的小男孩，但是，小洛克却认为自己没做什么。是啊。在那种情况下，本能的力量会让他做出积极的应对。孩子有了坚强的意志，真的不亚于学到很多知识。德国哲学家叔本华的话说得太好了：
"具有伟大心灵的人，相对于他的心灵来说，永远
是王。"

我想，如果你是一个母亲，有这样懂事的孩子，你
一定也会感动得想哭。在那样残酷的环境下，5岁的孩
子被迫快速成长，而且这种被动的机会，越早越好。
一般来说，负责任来得越早，付出得越少。

听到这里，有人会说了，是不是在孩子成长过程中
一定要遭灾遭难才行？其实，正如学开车不一定都要
到马路上去闯红灯一样，成长有一种模拟环境。不一
定都体验残酷的环境，人为地得法传递，同样可以让
孩子迅速成长。如果实在放心不下，你就学一学小佳
的父母吧。

小佳自小得了重症肌无力。上小学了，正常孩子十多分钟的路程，他要花费一个小时。9岁那年，一个冬天的下午，骤然下起了大雪，到放学时，路上已是茫茫一片了。

　　学校门口挤满了来接孩子的家长。小佳想自己腿脚不便，雪又这么大，爸妈一定会来接他。但他站在校门口，左等右等，同学们都被家长接走了，天也黑下来了，还未见到自己的爸妈。爸爸妈妈为什么不疼爱我？不疼爱我就别要我算了。他的焦急变成了委屈，伤心变成了愤怒。于是他擦掉眼泪，独自踏上返家的路。在路上，不知摔了多少跟头，也不知走了多长时间。他恨极了，心想到了家里，不管父母说什么他都不会再理他们了。

　　终于，他到了家门口。让他没想到的是，爸爸妈妈从他身后跑过来为他开了门——他们在他身后已经跟了两个小时。泣不成声的妈妈扑上来，紧紧地抱住了他："孩子，你回头看一看吧，那路上的每一个脚印都是你自己走过来的。在你以后的生活中，肯定会遇到许许多多的困难。我们知道，你都能像今天这样顽强地走过来，爸妈为你自豪，你永远是最有出息的男子汉。"小佳的愤怒变成了感动，流着眼泪对爸爸妈妈说："我再不会害怕了，我不会放弃了，因为我知道，不管什么时候，你们都会和我一起。"

　　你看，经历磨难成长起来的是小佳，成熟起来的是爸妈。亲爱的父母朋友，适时适度地放飞孩子吧。不要怕他们犯错，犯错误其实就是在交学费，他们在不断地试错当中不断成长。叶圣陶有首"学步诗"说得很形象：

● ● ●

或则扶其肩，或则携其腕，惟令自举足，不虞颠仆患。既而去扶携，犹恐足未健，则复翼护之，不离其身畔。继之更有进，步步能稳践，翼护亦无须，独行颇利便。

● ● ●

这段话意思是说，在教小孩学步的时候，你可以扶着他的肩膀，也可以牵着他的手腕，让他自己抬脚走，不要担心他摔倒。然后，不去搀扶他，如果担心他走得不够稳，可以在旁边护着。再后来，孩子的步

伐稳健了，大人就不必再在旁边护着了，这个时候，孩子已经能够自己自由行走了。

对孩子来说，这是一个由扶携到独行的过程；对于父母来说，这是一个逐步放手的过程。特别在孩子14 ~ 18岁这5年的时间里，父母要学会逐步把权力交到孩子手上。给孩子责任，让他学会自己去承担；给孩子选择，让他学会走自己的路；给孩子自由，让他决定自己的人生；给孩子机会，让他飞向自己的未来。所谓逐步，可以分成五步：

———————————— • • •

第一步，父母做决定，孩子服从——当他没有分辨力之前，先要让他成为一个乖孩子；

第二步，父母向孩子推销决定——让乖孩子成为有分辨力的孩子；

第三步，父母提方案，与孩子共同商定——让有分辨力的孩子成为善于沟通的孩子；

第四步，父母提建议，孩子做决定——让善于沟通的孩子成为有决策力的孩子；

第五步，父母定规则，孩子自己做决定——让有决策力的孩子成为自强自立自省的孩子。

· · ·

孩子长大成人，父母必须移交责任，必须一环扣一环，让他学会对自己负责，对他人负责，对家庭负责，对团队负责，进而对社会负责。在移交责任这个问题上，要靠铁一般的流程，不靠金子般的聪明。是的，要靠铁一般的流程，不靠金子般的聪明。

12

教子成人，父母不必跟风"造神"

正像荀子所说的"君子生非异也，善假于物也"。做父母的，不仅要有做学徒、做工匠的努力，还要有做领导的能力，学会借助各种教育资源，并且能够最大化地整合资源。

爱孩子，就"不要让孩子输在起跑线上"，许多家长听到这个观点，紧迫感倍增。于是省吃俭用，为孩子缴纳数额惊人的择校费，争报各种各样的辅导班，想方设法让孩子"抢跑"，呕心沥血也要培养"神童"。"造神"运动的结果怎么样？往往会有两种结果：一是孩子成了神童，最后崩溃了；二是孩子成了神，缺少了人性。我们先按下被"造神"潮流煽动起来的热情，静下心来，看看那些赢在起跑线上的"神童"吧。

孩子成了神童，最后崩溃了

········ 🍃 ························

    20世纪70年代，有一位美国爸爸立志要让孩子赢在起跑线上。在他的儿子赛达斯刚出世的时候，这位爸爸就开始了他的"造神"工程。他在赛达斯的小床周围挂满了英文字母，并且不断地在他的身边读那些字母；他用各类教科书取代了赛达斯的儿童玩具。就这样，赛达斯从小就被语言、几何图形和地球仪包围着，天真无邪的婴幼儿，被动快速成长和成熟，导致整个婴幼儿时期的赛达斯都在苦读中度过。赛达斯天资聪颖，6个月时就会认英文字母；2岁时就能看懂中学课本；4岁时就开始写文章，并且发表了3篇500字的文章；6岁时完成了一篇解剖学论文；12岁破格进入哈佛大学学习。超级神童赛达斯就像我们国内许多神童一样，受到全美新闻媒体的热捧。

赛达斯起跑拉风了，众人一片掌声，家长以为
"造神"成功了，可希望很快就落空了。

赛达斯因压力超过了临界点，14岁那年患上
了精神病，神童变成了"疯童"，于是开始入院接
受治疗。病愈出院后，21岁的赛达斯对父亲的实
验极为反感，热切渴望过上正常人的普通生活。最
后，神童抛弃了"神父"离家出走，改名换姓，在
一家商店做一个普通店员。一代神童的神话就这样
悄然消逝。

亲爱的父母朋友，听到赛达斯的遭遇，你想到了什
么？想到了拔苗助长？想到了填鸭教育？我想到的就
是填鸭。那挂在烤炉里肥得流油的鸭子就是这样养成
的。鸭子被塞进特制笼子里，没有任何运动，每天都

把食物填到嘴里，就一个目的——快速催肥。赛达斯的爸爸就是这样一个"填鸭"师傅，催肥一个学习的动物，至于孩子有没有童年，有没有玩耍，有没有朋友，有没有幸福，那都不重要。这样的家长看似在催肥，其实是在摧残。可惜，催肥的鸭子飞了。

孩子成了神，缺少了人性

什么是人性？就是同情心、怜悯心和慈悲心。我的朋友老刘跟我讲了这样一个故事。

在他儿子 15 岁的时候，他和儿子去理发。就在头一天，他们认识一个活佛，活佛还摸了摸他儿

子的耳垂说，耳垂很肥很大，很有福气。可是，理
发的时候，理发师一剪就把儿子的耳垂剪开了，出
了很多血。怎么办？赶紧上医院吧。

在医院的时候，他的儿子悄悄地对他说："爸
爸，咱们自己掏钱，别让那个哥哥赔了，他也挣不
了多少钱。"他答应了。上药回来后，过了几天，
儿子说："爸爸，我想去看一下那个理发师哥哥，
他剪了我的耳朵，心里一定很不安，我去安慰安
慰他。"

我们从中看到，这个孩子是具备恻隐之心、怜悯之
心和慈悲之心的。

我们很多家长对孩子缺少这方面的教育，培养了
孩子的好胜心——要出人头地，却没有培养孩子的怜

悯心——原谅和容忍别人。亲爱的父母朋友，教子成人，不必跟风造神。造一个无心之神不如让其成为一个有心之人。所以，孩子从小开始，家长就要教他学会原谅、学会容忍。

如果只有一项教育，就是要孩子出人头地，那么即便孩子成了神童，又会怎样？教育的悲剧还会重复上演。

"中国第一神童"宁铂，5 岁上学；6 岁开始学习《中医学概论》，并使用中草药；8 岁能下围棋并熟读《水浒传》；9 岁即能吟诗作对；13 岁被中国科技大学破格录取；19 岁时成为中国最年轻的助教。然而，巨大的光环招致更大的社会压力，在进入不惑之年的时候，宁铂终于"不惑"了，离开

妻子，前往五台山出家，彻底摘下了头上的光环。

那宁铂是怎么看待自己被培养的经历的呢？在中央电视台《实话实说》节目里，宁铂向自己经历的"神童"教育开炮。

露斯，英国当代最著名的数学神童，12 岁考进牛津大学，一年后就修完学士学业；17 岁当上博士；成年后，露斯成了一名数学教授并结婚生子。然而对自己被称为"神童"的那段经历，露斯却觉得不堪回首。她说："无论如何我都不想让我的孩子当什么神童，我希望他们能毫无压力地自然成长。"

说穿了，"神童"不管是天然的还是人工的，无非就是早熟。可是被人一忽悠，父母们就争先恐后地去"造神"了。有的父母还热衷"传道"，于是形成了一波又一波的"造神"运动。其实，小时候没有赢在起跑线上，长大后照样可以成为冠军。上海南洋模范中学曾对毕业于该校的 23 位院士学习档案进行分析，发现他们在中学的成绩大都一般，高三毕业时成绩名列前茅的人仅占 1/5。从分数段来看，他们中还有 1/4 的人是在成绩排名后面 30% 里的。反过来说，小时候赢在了起跑线上的孩子，未必就是冠军的苗子。

其实这个道理大家想一想就清楚了：如果孩子要参加的是一场百米短跑，比赛的成败，往往取决于起跑线上的争分夺秒。但人生不是百米跑，而是一场几十年的马拉松比赛，最后的胜败，并不取决于起跑的速度和爆发力。相反，在马拉松比赛中，一开始就全力以赴，赢在起跑线上的运动员，往往容易透支体力，到了半程的时候，就会远远地落于他人之后，更不要说冲刺了。

因此，在某种程度上"不要输在起跑线上"这句

话是一种忽悠。作为父母，不能让人忽悠得心急火
燎，急着去抢跑，还是放平心态吧。在人生的马拉松
比赛中，成绩平平的孩子，可能会是下一个牛顿、爱
迪生、爱因斯坦，这些人不都是少年愚钝、大器晚成
者吗？

当然，把心态放平，绝对不是放弃。赛还是要比
的，跑还是要跑的。但要把方向找对，把功夫下足。
至于成绩，那是水到渠成的事。

找对方法

怎么把方向找对？一句话，利用天赋并发挥天赋。

来到这个世界上的孩子，都是一个奇迹。再愚钝
的孩子，都会有一种独特的天赋，而且天赋往往会隐
藏在缺陷下面。比如，迟钝下面藏着耐性，淘气下面

藏着灵性，鲁莽下面藏着果敢，反叛下面藏着远见。在父母没有发现孩子的天赋时，往往按照自己的偏好做选择，就像让小猴去游泳，让小鸭去爬树，这是在和孩子们的天性作对，至少是在和孩子的遗传基因作对。

宁铂有围棋天赋，13岁时和当时的国务院副总理方毅下棋，连赢两盘，结果，这样的天赋被扼杀了。此外，他的天文学爱好也被扼杀了，后来他被安排就读理论物理。从进入大学开始，他的优势就没有体现出来，只能无数次与"分数不理想"苦斗。我们不知道，选择出家，是不是发挥了他宗教研究的天赋？是不是能够让宁铂成为当代的弘一法师。但我们不由得反思，没有输在年少的人，会不会输在中年？

有一个孩子，出生在一个穷鞋匠的家里，由于家境贫寒，他幼年辍学。他又瘦又丑、呆头呆脑，学习演戏，被认为没有天分，而且说话一口乡下腔；学做木匠，因笨手笨脚而备受嘲笑与欺侮；学习唱歌，连伤病也和他作对，一场重感冒，彻底毁了他的声带。不管多么努力，他都看不到希望，只因为他走错了方向。在一位诗人的指点下，他开始试着创作戏剧。17岁那年，他写出了悲剧《阿芙索尔》，很幸运的是，这部作品被著名文艺评论家拉贝克教授发现了，称其为天才。于是，拉贝克教授为他申请了一笔奖学金，让他去接受了正规教育。

这个孩子就是后来享誉世界的著名童话之父安徒生。1830年，安徒生出版了第一部童话集，这部集子一经出版，便受到孩子们的喜爱。于是每逢圣诞节，他便为孩子们奉献一部童话，他的童话《小锡兵》《拇指姑娘》《卖火柴的小女孩》《丑小鸭》等，征服了全世界孩子们的心。直到今天，安徒生的童话仍然是童话世界的一座高峰。

其实，你的孩子可能就是安徒生，但是他的天赋被发现了吗？你会是发现了孩子天赋的拉贝克吗？孩子能不能做好什么，是天赋决定的；去不去做什么，是他自己决定的；但能不能发现孩子的天赋，经常是由家长和老师决定的。有些人举出例子说，天赋可以培养，其实改变一个人的天生禀赋，比改变一个国家还难。如果你一定要寻求改变，那就去改变你的教育方法吧！不要说学习是逆水行舟，其实，利用天赋的学习是顺风顺水，违背天赋的学习才是逆水行舟。

帮助孩子发现了天赋后，家长还必须有所作为的就是帮助孩子将天赋用在该用的地方，否则就算你有了好钢，也会打了把粪叉。

曾国藩是中国历史上最有影响的人物之一，他年轻时经常通宵达旦地读书。一天他在家读书，有篇文章不知道重读了多少遍，还是没能背下来。有个贼潜伏在屋檐下，想等他睡觉后捞点好处，可左等右等，都快等到天亮了，就是不见这读书人睡觉，还是翻来覆